KB056670

경험을 선물합니다

수많은 카페 사이에서
선택받는 공간이 되는 방법

경험을 선물합니다

이림·최현규 지음

도서담

들어가는 글

저는 카페 사장입니다.

제가 운영하는 카페의 이름은 '이미'입니다. 2011년에 첫 매장을 냈고, 11년이 지난 지금 '이미'라는 이름으로 총 네 개의 매장을 운영하고 있습니다. 처음에는 가게 이름을 '의미'라고 짓고 싶었습니다. 이 단어를 좋아하기도 하고, 제가 만드는 공간이 저나 손님들 모두에게 의미 있는 곳이 되었으면 하는 바람이 있었기 때문입니다. 그런데 카페 이름을 '의미'라고 지으려 하니 너무 진지하고 무거운 느낌이 들었습니다. 그러다가 '의미'의 한자를 일본어로 읽으면 '이미'가 된다는 것이 떠올랐습니다. 발음도 쉽고, 쓰고 싶었던 뜻도 담을 수 있어서 '이미'로 이름을 정했습니다.

　매일 아침 저는 로스팅을 하고, 동생은 케이크를 구웠습니다. 청소를 하고, 가게에서 틀 음악을 고르고, 쇼케이스에 디저트를 채워 넣어 함께 장사 준비를 마쳤습니다. 그리고 손님을 기다리면서 커피 한 잔을 마실 때면, '그래, 좋아하는 단어로 가게 이름을 지었고, 좋아하는 커피와 음악을 가까이하는 일상이라니. 바라던 대로 의미 있는 삶을 살 수 있게 되었구나.' 싶었습니다. 큰 욕심 없이 이렇게 소박하고 평화로운 행복을 누리면서 살고 싶다는 생각을 했습니다.

　그러나 이 평화는 오래가지 않았습니다. 손님이 늘고 장사가 잘되는 것은 참 감사한 일이지만, 그만큼 해결해야 할 문제들도 줄줄이 생겨나기 시작했습니다. 시시각각 생기는 문제들을 해결해야 했고, 생계와 생존을 고민하다 보니 어느덧 11년이 흘렀습니다. 그사이 매장은 소박한 한 곳에서 네 곳으로 늘어나게 되었습니다. 네 곳의 이미는 오픈한 시기, 매장의 위치, 기능과 역할, 매장 형태, 상호가 모두 다릅니다. 홀 베이스의 일반적인 카페 하나, 오피스 상권의 테이크아웃 매장 하나, 디저트샵 하나, 로스팅룸 하나, 이렇게 각기 다른 정체성으로 운영되고 있습니다.

첫 번째 매장을 운영한 지는 10년이 넘었습니다. 지난 10년 동안, 비슷한 시기에 시작했던 주변의 카페들은 대부분 문을 닫았습니다. 그런데 카페가 망한 자리에 또 카페가 들어왔고, 카페가 아닌 자리에도 카페가 들어오다 보니 결국 카페의 수는 계속 늘어가고 경쟁은 더욱 심해졌습니다. 이런 현상은 저희 주변에만 생긴 것이 아니었는지, 전국의 카페 수는 10년 전보다 6배 가까이 늘었다고 합니다. 점점 더 경쟁이 치열해지는 가운데 저희는 운이 좋게 생존할 수 있었고, 버티다 보니 저희를 사랑해 주시는 분들이 생겼습니다. 그리고 그분들 덕분에 점차 이름이 알려지게 되었습니다. 방송, 신문, 잡지에서 저희 카페를 취재하러 왔고, 팟캐스트, 블로그, 유튜브, SNS에서도 많은 분들이 저희를 소개해 주셨습니다.

제법 주목을 받게 되면서 저에게 카페 창업에 대한 상담을 받고 싶어 하는 분들이 생겼습니다. 처음에는 아주 가끔 있는 일이었는데, 점점 상담을 부탁하는 분들이 늘어나면서 다양한 분들을 만날 수 있었습니다. 나이와 성별, 이전에 했던 일들, 창업을 하려는 이유와 목표, 자금을 비롯한 창업 여건까지 다 달랐습니다. 공통점이 있다면 카페 시장의 현실과 창업 실무에 대해서 잘 모른다는 것이었습니다. 꽤 많은 상담을 했지만, 여전히 저의 주 업무는 로스팅을 하고, 커피를 내리며 매장에서 손님을 맞이하는 일이었습니다.

그러던 제가 창업 상담과 교육에 좀 더 힘을 쏟게 된 계기가 있습니다. 가깝게 지내던 사장님들의 폐업 소식을 듣게 된 것입니다. 사실 카페 사장님들의 사정이 다 비슷합니다. 손바닥만 한 가게를 운영하면서 뭐가 그리도 할 일이 많은지, 일이 끝나지를 않습니다. 가게를 하기 전에는 서로의 꿈과 계획에 관한 이야기도 나누고, 격려도 하고 응원도 하지만 막상 내 가게를 열기 시작하면 왕래는커녕 메시지 한 줄, 통화 한 번 하기도 힘듭니다. SNS상으로 간간이 소식을 듣는 정도가 됩니다. 그런데 그렇게 바쁜 분들이, 어느 날 갑자기 찾아와서는 "사장님, 저 이제 그만하려고요."라고 소식을 전한 겁니다. 오래간만에 와서 한다는 얘기가 폐업이라니. 폐업 소식에도 놀랐지만, 그 무거운 소식을 전하는 사람에게서 어떤 좌절이나 슬픔도 느껴지지 않아서 더 놀랐던 기억이 납니다. 모든 것을 태우고 아무것도 남지 않았다는 느낌이 들어서, 오히려 어떤 위로나 격려도 전할 수 없었습니다. 너무나 마음이 아팠습니다. 저에게는 정말 남의 일이 아니었기 때문입니다. 언젠가 나의 일이 될 수도 있다는 불안감도 있었고, 저분들이 그동안 얼마나 힘들게 버텨왔는지도 너무나 잘 알기에 충격이 컸습니다. 그런 소식이 한 번 들리고 나면 며칠간 기운도 없고, 일도 하기 싫어졌습니다.

카페 사장님들의 폐업 소식이 들려오는 동안, 다른 한편에서는 계속해서 창업 상담 요청이 들어왔습니다. '이대로 그냥 두어선 안 되겠다. 사람들이 괴로워하는 모습을 두고 봐서는 안 된다.'라는 생각이 들었습니다. 그래서 저의 상담은 불친절해졌고 직설적으로 바뀌었습니다. 카페가 처한 현실에 대해 매우 솔직하게 말씀드렸고, 어설프거나 비현실적인 계획에 대해서는 냉정한 비판과 조언을 서슴지 않았습니다. 막연히 "저는 커피도 좋아하고 카페도 많이 다녀서 잘할 것 같아요."라고 하시는 분들께는 "커피는 취미로 즐기시는 것이 좋겠습니다."라고 말씀드리기도 했습니다. 저희 매장에서 상담을 할 때, 가게에 손님이 많을 때면 "이렇게 사람이 많이 와도 카페로는 돈 벌기 어렵습니다. 그래도 하실 건가요?"라고 물었습니다.

상담을 받으러 오시는 분들이 고생하지 않으시기를 바라는 마음에, 단순한 상담이어도 더욱 큰 책임감을 느꼈습니다. 그래서 바쁜 중에도 시간을 내 한 분과 서너 차례씩 만나 "이건 이렇게 하면 안 되고 이렇게 하셔야 합니다."라고 세세한 부분까지 가르쳐 드리곤 했습니다. 그런데 그렇게 상담을 받으신 분들이 창업했다고 해서 가보면, '왜 이렇게 만드셨을까?', '듣고 싶은 것만 듣고 반영하신 걸까?' 싶은 결과가 대부분이었습니다. 답답한 마음이 컸습니다.

아예 하지 않으면 모를까, 계속 상담을 하려면 대책이 필요했습니다. 몇 날 며칠을 고민하다가 아예 이것을 회사의 일로 만들어야겠다는 생각을 했습니다. 부탁 때문에 어쩔 수 없이 했던 창업에 관한 이야기를 좀 더 적극적으로 해야겠다고 다짐했고, 그래서 글을 쓰기 시작했습니다.

현실적인 이야기를 더욱 명확하게 담아낼 수 있도록, 저의 문제의식에 공감해 주는 직원들과 함께 매주 1회 이상의 모임을 했습니다. 모임은 1년 동안 두어 번 쉰 것을 제외하고 꾸준히 이어졌습니다. 모임에서는 현장에서 일어나는 일들을 수집하고, 관련 도서를 읽고, 관련 주제를 정해 토론했습니다. 모임에서의 이야기는 글로 정리해 온라인에 공유했습니다.

시간이 지나면서 점차 저희가 연재하는 글에 관심을 가져 주시는 분들이 생겼습니다. 저희의 이야기가 사람들에게 단순히 자극을 주는 데 그치지 않고 실천을 유도하는 방향으로 이어졌으면 좋겠다는 생각이 들었습니다. 그런 고민 끝에 세미나를 열었습니다.

세미나의 제목은 '카페 생존하려면'이었습니다. '성공', '대박', '비결', '비법'이라고 해도 안 올 판에 '생존'이라니! 고작 생존이나 하려고 창업을 하려는 사람은 거의 없을 겁니다. 제목을 좀 거창하게 지을까 고민했습니다만, 돌이켜 보니 애초에 이런 이야기를 꺼내게 된 것은 생존조차 어려운 카페의 현실에서 출발했기에 이보다 적절하고 진정성 있는 제목은 없을 거란 생각이 들었습니다.

세미나는 매주 열렸고, 1년 6개월 정도 이어졌습니다. 전국 각지에서, 다양한 분야에서 일하고 있는 사람들이 모였습니다. 가까이는 서울과 경기에서, 멀리는 제주도에서도 오셨습니다. 바리스타, 로스터, 카페 오너부터 디자이너, 마케터, 뮤지션, 프로그래머, 직장인, 그리고 꽃가게, 소품샵 등을 하는 자영업자까지 많은 분이 참여하셨습니다. 이미 글을 통해 공유한 내용도 있지만, 세미나에서는 더욱 적나라하게 카페가 처한 현실을 전달해 드렸습니다. 그 속에서 제가 겪었던 수많은 실패와 시행착오, 그리고 그 어려움을 극복해 낸 과정과 결과를 솔직하게 말씀드렸습니다.

하루 8시간, 주 1회, 2주간의 세미나를 마칠 때면 저는 꼭 참가자들에게 소감 한마디를 부탁드렸는데, 그 중 기억에 남는 소감이 있었습니다.

"너무나 유익한 세미나였습니다. 한 말씀 한 말씀이 저에게는 너무나 소중했고 실제적인 도움이 되었습니다. 다른 세미나에서는 '이렇게만 하면 무조건 잘될 거다'라고 하셨는데, 여기서는 현실적인 어려움과 경험을 솔직하게 말씀해주셔서 오히려 믿음이 갔습니다. 말씀을 듣고 생각해 보았습니다. 저는 창업을 하기보다는 좋은 회사에 들어갈 수 있는 실력을 키우고, 또 그 실력을 바탕으로 회사의 성장에 크게 이바지하는 우수사원이 되는 것을 목표로 하겠습니다. 저는 사장이 아닌 직원으로서 회사를 잘 만들어가려고 합니다. 정말 실용적인 세미나를 해 주셔서 감사합니다."

어떤가요? 정말 인상적인 소감 아닌가요? 참가자 모두가 이 소감을 듣고 한바탕 웃었지만, 저는 한편으로 큰 보람을 느꼈습니다. '내가 뜬구름 잡는 얘기를 하지 않았구나. 나의 경험과 식견이 누군가에게 중요한 질문을 던졌고, 진지한 고민과 선택을 끌어냈구나!'라는 생각이 들어서 진심으로 기뻤습니다.

이 책은 제가 겪어 온 10여 년 동안의 경험을 바탕으로 쓰였습니다. 다른 생계수단이나 자산이 마련되어 있지 않은 보통의 예비 창업자가 자가 소유의 건물이 아닌 임대로 창업을 한다면 저와 비슷한 경험을 하게 될 것입니다. 즐거운 경험도 있겠지만 그 기쁨은 오래가지 않습니다. 일상에서 대부분의 시간은 고되고, 어렵고, 걱정되고, 짜증도 날 것입니다. 이것은 저만 겪은 일이 아닙니다. 지금 이 순간, 카페 사장님들을 비롯한 자영업자분들이 겪고 있는 일입니다. 또 언젠가 창업을 해 사장이 된다면 독자분들도 겪으시게 될 일입니다. 그러나 너무 걱정만 하실 필요는 없습니다. 비슷한 어려움이 앞에 놓여 있겠지만 현실을 어떻게 바라보고 인식하느냐에 따라 결과는 달라지기 때문입니다.

세상에는 사업이나 인생을 성공으로 이끌어 준다는 비법이 셀 수 없을 만큼 많습니다. 그런데 그중 어떤 것을 사서 어떻게 써야 할 것인가는 오롯이 내가 정해야 합니다. 누군가 효과를 봤다고 해서 나에게도 좋으리라는 법은 없습니다. 그렇기에 중요한 것은 해결책이 아니라 질문입니다. 좋아하는 일을 하면서 생존하기 위해 저 또한 수많은 질문을 했고, 그것에 대한 답을 찾아가며 여기에 이르게 되었습니다.

이 책이 던지는 질문들을 따라가다 보면 여러분은 다음과 같은 사실을 알게 되실 겁니다.

먼저는 카페가 처한 현실에 대해서 알게 될 것입니다.

카페는 계속 변하고 있습니다. 세상이 변하고, 소비자 또한 변하기 때문입니다. 오늘날의 소비자가 카페에 기대하는 게 무엇인지를 모르면 카페는 생존하기 어렵습니다. 이것은 비단 카페뿐 아니라 점포를 내서 장사하는 모든 업장이 마찬가지입니다. 카페에 대한 새로운 이해가 필요합니다. 그걸 모르면 고민의 방향이 달라지면서 결국 관성화된 카페가 될 것입니다. 아무리 인테리어를 잘하고 커피가 맛있어도, 시간이 지나면 생존이 불투명해집니다.

두 번째로는 카페가 망하지 않을 든든한 토대를 만드는 법에 대해서 알게 될 것입니다.

장사하는 분들이 자주 "남는 게 없다."라는 말을 합니다. 소비자의 입장에서는 이 말이 상술에 불과하다고 생각할 수 있지만, 실제로 자영업을 하다 보면 이 말의 의미가 다르게 다가옵니다. 장사가 잘되는 것이 충분한 수익이 발생한다는 것을 의미하지는 않습니다. 처음부터 비용구조와 수익구조에 대한 설계를 잘 해 놓지 않으면 생존 자체가 어려울 수 있습니다. 저는 손쉽게 돈을 버는 법은 모르지만, 노력이 성과로 이어지려면 무엇을 해야 하는지는 알고 있습니다. 이와 관련해 중요한 지침을 공유해 드리겠습니다.

세 번째로는 생존의 필수요소인 차별화에 대해 알게 될 것입니다.

오프라인 공간 비즈니스의 핵심은 바로 차별화에 있습니다. 차별화라는 것이 식상한 주제일 수 있겠지만, 실제로 그것이 의미하는 바나 그것을 구현하는 방법에 대해 아는 사람은 아주 드뭅니다. 그렇기에 큰 비용을 들여서 차별화 전략을 전문가에게 의뢰하곤 하는데, 그것에는 한계가 있습니다. 이 책을 읽으시는 분들은 마케팅 전략을 공부하는 분들이 아니라, 그것을 활용해 자신의 비즈니스를 지속해야 하는 분들이기 때문입니다. 내가 아닌 다른 사람이 정해 준 것만으로는 생존을 지속하기 어렵습니다. 저희는 '차별화'라는 말보다는 '다름'이라는 단어로 설명해 보려 합니다.

네 번째는 브랜딩입니다.

요즘은 거의 모든 분야에서 브랜딩을 말합니다. 관련된 책이나 강연, 정보도 넘쳐납니다. 그런데 '카페 하나 하면서 브랜딩까지 해야 하나?' 싶고, 당장에 해야 할 일들이 많으니, 일단 좀 안정되면 브랜딩도 하고 마케팅도 시작해야겠다는 생각으로 출발하는 경우가 많습니다. 그런데 11년간 카페를 운영하면서 온갖 일들을 다 겪고 나니, 처음부터 브랜딩을 해야 했음을, 창업이란 브랜드를 만드는 것임을 깨닫게 되었습니다. 브랜드를 만들지 못하면 카페는 생존하지 못합니다. 제가 카페를 운영하며 정리해 온 브랜딩에 관한 이야기를 해 드리겠습니다.

이 책에서는 주로 카페에 관한 이슈를 다룹니다. 저의 경험이 카페에 집중되어 있기 때문입니다. 그런데 제가 공부를 계속하고, 세미나나 독서 모임 등에서 다른 분야의 전문가들과 교류를 하다 보니, 이 책에서 다룰 내용이 카페뿐 아니라, 다른 오프라인 비즈니스를 하려는 분들께도 큰 도움이 될 것이라는 생각이 들었습니다.

그동안 다른 분야에 계신 분들께서는 저의 이야기에 많은 조언과 공감을 해 주셨습니다. 그분들 역시 자신의 영역에서 생존과 성장을 위해서 비슷한 문제의식을 느끼고 있으며, 저와 같은 목표를 가지고 문제를 해결하는 중이라고 하셨습니다. 이를테면, 제가 만난 대부분의 대표님과 전문가분들은 "경쟁에서 이기려고 하기보다는 경쟁하지 않는 분야를 만들어야 한다.", "제품이 아니라 브랜드를 만들어야 한다."라는 목표를 가지고 일을 해나가셨는데, 이는 제가 항상 추구하는 목표이기도 합니다. 그렇기에 저는 이 책의 내용을 다른 분야의 비즈니스에도 충분히 적용할 수 있다고 확신합니다. 이 책을 읽으실 때 단순히 카페 창업만이 아닌 '오프라인 비즈니스'라는 큰 키워드를 가지고 읽어주셨으면 좋겠습니다.

정답보다는 질문을, 결론보다는 과정에 관한 이야기를 담았습니다. 독자분들께서 책을 읽으며 스스로에게 많은 질문을 건네시기를 바랍니다. 그 질문들에 대한 답을 찾아가다 보면 도착점이 명확한, 잘 준비된 출발을 할 수 있을 것입니다. 이미 출발하신 분들은 방향을 재탐색하여 바른 경로를 찾게 되고, 결국엔 원하는 곳에 도착할 수 있게 될 것입니다.

그럼 이야기를 시작해 볼까요?

차례

음

1부

현실

"사장이 되면 어떤 점이 좋을까요?"

아직 사장이 아닌 분들은 이런 답을 하십니다.

"상사의 눈치를 보지 않아도 되고, 내 가게니까 비교적 시간 사용이 자유롭지 않을까요?"

"내 일을 내가 만들어서 하는 것이니까, 일도 휴식도 잘 조율해서 워라밸을 이룰 수 있을 것 같습니다."

"제가 하고 싶은 일을 하는 거잖아요. 좀 더 열정적으로 일할 수 있을 것 같아요."

"사장이 되면 제 자본을 투입하니 제 몫이 크겠죠? 회사에서 직원으로서 받는 보상보다 더 많은 돈을 벌 수 있을 것 같아요."

이런 답을 들으면, 사장의 길을 걷고 있는 저는 이렇게 말씀드립니다.

"사장에게 상사는 없지만, 대신 수많은 왕을 모셔야 합니다. 일과 쉼의 경계는 점점 없어져요. 영업은 끝났는데 걱정은 안 끝나고요. 매장 운영시간은 제 권한이지만 고객과의 약속이니 지켜야 합니다. 그런데 매출이 저조하면 주 6일로 늘리기도 하고, 명절에도 열고, 더 일찍 열고 더 늦게 닫기도 하고요. 하고 싶은 일을 간섭없이 할 수 있지만, 조직의 지원이나 동료의 협력이 없으니 한계도 자주 느낍니다. 돈…. 내가 투자했으니 버는 족족 내 돈인 건 맞지만, 반대로 적자일 때도 있고요. 매출이 적자가 나도 직원은 급여가 보장되지만, 사장은 그렇지 않습니다. 투자비용을 회수하기도 사실 무척 어렵습니다.”

창업을 한다는 것은 사장이 된다는 것입니다.

사장이 되면 워라밸을 누릴 수 있을 거라고 생각하시겠지만, 현실 사장인 저는 '워라일체'의 삶을 살고 있습니다. 일과 일상이 구분되지 않는 삶입니다. 저는 빨래방에 갈 때 태블릿 피시를 꼭 챙겨갑니다. 그리고 두 시간 동안 세탁기 옆에서 부지런히 일합니다. 예전에는 문학을 좋아했는데 요즘은 브랜딩, 마케팅, 경영에 관한 책들만 읽습니다. 작년에는 제주도를 대여섯 번 다녀왔는데, 회의하고 상담하고 거래처만 들렀다 왔습니다. 다행히 거래처 중에 핫플레이스가 있어서 기분은 조금 내고 왔습니다.

사람마다 조건과 상황이 다르긴 하지만, 창업을 하게 되면 저와 비슷한 고생을 겪게 되실 겁니다. 그건 우리가 게으르거나 불성실해서 생기는 문제가 아니라, 모든 것을 스스로 해내야 하는 자영업자이기 때문에 겪게 되는 일입니다. 그러니 이런 어려움을 겪게 되면 '내가 비로소 사장이 되었구나.'라고 생각하시면서, 묵묵하게 헤쳐나가시면 됩니다.

그렇다면 사장이 되기 위해 어떤 준비를 해야 할까요? 업종마다 우선순위는 다르겠지만 보통 본업과 직접적으로 관련한 것들을 먼저 준비할 겁니다. 예를 들어, 제조와 생산을 해야 하는 업에서는 기술을 먼저 익히려고 할 겁니다. 저도 카페 창업을 목표로 카페에서 일도 하고 커피 공부도 열심히 했습니다. 몇 년간 일본에서 살면서 다양한 경험도 쌓았습니다. 제 친동생이자 이미의 모든 디저트를 만드는 이승림 셰프도 일본에서 유학을 하고 현지에서 일도 하면서 실력을 키웠습니다.

그런데 정작 창업을 하고 가게 운영을 하다 보니 커피와 디저트 외에도 해야 할 일이 너무나 많았습니다. 물론 갈고 닦아 온 기술이 현장에서 유용하게 쓰이긴 했습니다. 하지만 커피와 디저트를 다루는 시간 이상으로 운영과 관리에 많은 시간을 쓰게 되었고, 가게를 운영하는 데 필요한 기술이나 지식은 전혀 준비되어 있지 않았습니다.

처음 여행을 하는 사람들은 짐이 많습니다. 어떤 상황이 생길지 모르다 보니, 이것저것 챙기다 보면 배낭이 아주 묵직해집니다. 그런데 막상 여행을 하다 보면 아예 꺼내지도 않은 짐들이 있습니다. 하지만 경험이 쌓이면 달라집니다. 가짓수는 줄고, 꼭 필요한 것만을 목적에 따라 챙기게 됩니다. 여행지의 기후나 지형에 대한 이해만 있어도 챙기는 물건은 많이 달라질 것입니다. 창업도 비슷합니다. 현실에 대한 인식과 현장에 대한 이해를 바탕으로 준비를 해야 정말 필요한 것만을 챙길 수 있습니다.

"오늘 이야기해 드린 것을 제가 10년 전에 알았더라면, 저는 족히 1억은 아꼈을 겁니다. 저는 이 세미나가 1,000만 원의 가치가 있는 세미나라고 생각합니다. 오늘 여러분께만 특별히 99퍼센트 할인해 드렸습니다."

세미나에서 제가 이런 이야기를 하면 많은 참가자분들은 웃으십니다. 그런데 몇 년 이상 매장을 운영해 오신 분들은 진지한 표정으로 고개를 끄덕이시곤 합니다. 제가 들려드린 이야기가 진짜 현장의 이야기라는 걸 직접 경험하시고 알고 있는 분들이십니다. 지금 책을 읽고 있는 분들께는 더 큰 할인 폭을 적용해 드리고 있습니다. 카페가 처한 현실을 지각하는 것이 중요합니다.

1부에서는 제가 10여 년간 카페를 운영하면서 온몸으로 겪어 온, 그리고 지금도 겪고 있는 현장의 이야기를 하려 합니다.

카페로는 돈을 벌 수 없지만

"그래도 카페가 돈이 되긴 하나 봐요. 장사가 그렇게 잘되는 것 같지 않은 가게들도 망하지 않고 오래 하는 걸 보면요."

저의 아내가 여자친구였을 당시, 저에게 이런 말을 한 적이 있습니다. 충분히 그렇게 생각할 법합니다. 주변을 둘러보면 꽤 오랜 시간 한자리를 지키는 카페들이 보입니다. 그뿐만이 아닙니다. 카페가 이미 많은데 그 옆에 또 새로운 카페가 계속 생깁니다. 그러니 지나가는 사람들이 보기에는 카페가 분명 돈이 되는 장사일 겁니다. 하지만 제 입에서 나온 대답은 달랐습니다.

"아니에요. 그냥 다들 버티고 있는 거예요."

카페 창업을 이야기하기에 앞서 가장 먼저 알아야 할 것은 이겁니다. 카페는 태생적으로 돈을 벌기 어렵습니다. "그럴 리가요. 카페에 손님이 그렇게나 많은데, 돈을 벌기 어렵다니요?"라고 물을 수도 있겠습니다만, 손님이 많아서 돈을 벌기 어렵습니다. 자리가 꽉 차 있으면 다른 손님이 들어올 수 없기 때문입니다.

식당은 식사가 용건이니까 다 먹으면 자리에서 일어납니다. 술집도 비슷합니다. 더 마시거나 아니면 나갑니다. 식사하거나 술을 마실 때도 대화를 나누기는 하지만, 식당과 술집은 먹고 마시는 것이 중심인 곳입니다. 그런데 카페는 다릅니다. 커피를 다 마셨다고 해서 대화가 끊기거나 보던 책을 덮거나 하지 않습니다. 커피를 다 마셔도 하던 일을 계속합니다. 커피를 다 마신다고 자리를 사용할 권한이 사라지는 것은 아닙니다. 이러다 보니 다른 외식업에 비해서 테이블 회전이 현저히 떨어집니다. 커피만 먹고 나가야 한다는 생각은 사장도 손님도 하지 않습니다. 그러니 태생적으로 돈을 벌기 어렵습니다.

게다가 카페는 객단가가 낮은 편입니다. 물론 요즘은 밥값보다 비싼 커피도 많습니다. 커피에 디저트까지 먹으면 꽤 비쌉니다. 그러나 앞서 말했듯, 느린 테이블 회전이 문제가 됩니다. 한 끼 식사보다 비싼 커피나 디저트를 시키고는 시간에 쫓겨 얼른 먹고 일어나는 사람은 거의 없습니다. 한 잔을 다 마시고 나서 추가로 커피를 주문하는 사람도 있지만, 추가로 주문한다는 것은 계속 자리를 차지하고 있다는 뜻입니다. 그러니 결국은 시간 대비 높은 수익을 올리기가 어렵습니다. 이런 이유로 개인 브랜드 매장 중에는 주말에 매장 내 노트북 사용을 금지하거나 매장 이용시간을 제한하는 경우가 있습니다. 손님 입장에서는 너무 야박하다 싶은 생각이 들겠지만, 매장을 운영하는 처지에선 어쩔 수 없는 선택이 아닌가 싶기도 합니다.

여기서 이런 물음을 떠올린 분들이 계실 겁니다.

'그렇다면 어떻게 카페는 망하지 않고 버틸 수 있는 거지?'

그 답은 재료 원가와 관련이 있습니다. 카페에서는 커피 메뉴가 매출에서 차지하는 비중이 매우 큽니다. 그중에서도 아메리카노가 제일 많이 팔립니다. 커피는 재료 원가가 아주 낮습니다. 다른 외식업에 비해 매우 유리한 조건입니다. 외식 프랜차이즈 본사가 가맹점에 공급하는 재료의 원가는 30% 전후라고 합니다. 10,000원짜리 메뉴의 재료 원가는 3,000원 정도가 될 겁니다. 커피는 그보다 훨씬 낮습니다. 꽤 고가의 원두를 사용해도 다른 음료나 음식에 비하면 아주 낮은 편입니다. 웬만해선 원두가 변질되지도 않거니와 사용할 만큼만 구매하여 상태가 좋을 때 사용하면 됩니다. 만약 직접 커피를 로스팅하면 원가를 더 낮출 수 있고, 로스를 거의 제로에 맞출 수 있습니다.

이처럼 카페는 운영비의 큰 비중을 차지하는 재료비에 대한 부담감이 다른 외식업에 비해서 훨씬 적습니다. 규모가 크지 않고 임대료가 적당한 매장에서 혼자 운영한다면 버티기에는 매우 유리합니다. 특별히 장사가 잘되지도 않는데 한자리에서 오랫동안 버티고 있다면 이런 요인 때문일 확률이 높습니다.

하지만 버틴다는 건 말 그대로 망하지는 않는다는 것뿐입니다. 앞서 말씀드렸듯, 카페로 돈을 벌기는 어렵습니다. "그러니까 돈 벌 생각은 하지 마세요."와 같은 뜻은 아닙니다. 돈을 벌기 어려울 수밖에 없는 카페의 구조를 이해하고, 이런 현실을 직시한 다음 문제를 잘 다루어야 한다는 의미입니다.

저 역시 처음에는 그런 인식이 전혀 없었습니다. 그냥 열심히 하다 보면 잘될 거라 생각했습니다. 매장에 손님들이 어느 정도 차 있으니 딱히 걱정도 하지 않았습니다. 그런데 시간이 지나면서 임대료, 재료비, 인건비 등은 오르는데 그것에 비례해서 매출이 오르지는 않으니 수익이 많이 나지 않게 되었습니다. 그제야 '아, 마냥 열심히만 해서는 안 될 일이구나.' 싶었습니다. "장사가 안되면 안되는 대로 걱정, 잘되면 잘되는 대로 걱정"이라는 말이 있습니다. 창업을 하고 나니 비로소 그 말이 이해가 되었습니다.

그런데 달리 생각해 보면 간단한 일입니다. 문제가 명확하니까, 이제 그것을 해결하기만 하면 됩니다. 느린 테이블 회전과 낮은 객단가, 이 두 가지 태생적 상황을 어떻게 다룰지에 대한 고민이 필요합니다.

돈을 목표로 해야 합니다

"카페 사장으로서 행복하다고 느낄 때는 언제인가요?"

세미나나 강연, 개인 상담에서 카페 사장님들을 뵐 때면 저는 이 질문을 드립니다.

"손님께서 커피를 남김없이 드셨을 때요."
"커피가 맛있다고 칭찬해 주실 때요."
"제가 추천해 드린 커피가 취향에 잘 맞는다고 하셨을 때요."
"저희 매장 리뷰에 '#인생커피'라고 태그를 걸어주셨을 때요."
"제가 좋아하는 카페의 사장님이나 바리스타가 저희 매장을 방문해 주셨을 때요. 인정받는 기분이 들었습니다."
"커피가 맛있다고 바로 원두까지 사 가실 때요."

대답이 거의 비슷합니다. 로스팅을 직접 하시거나, 커피에 공을 많이 들이는 사장님들이 특히 이런 말씀을 하십니다. 커피가 아니더라도 나의 취향이나 노력한 것의 가치를 알아주는 손님들을 만날 때 행복을 느낀다고 하십니다. 아주 중요합니다. 그런데 저의 질문에 "돈 많이 벌 때요."라고 대답하시는 경우는 거의 없습니다. 딱 한 번 이런 답은 있었습니다. "저희 매장이 빈자리 없이 손님으로 꽉 차 있을 때요."

이러한 대답을 보면, 카페 사장님들의 행복이 정서적이

고 감정적인 면에 치우쳐 있는 게 아닌가 싶습니다. 다들 돈 욕심이 없으신 걸까요, 아니면 돈 얘기를 꺼내는 게 왠지 불편하신 걸까요?

돈보다 소중한 무언가를 위해, 타인이 강요하는 모습으로 살지 않고 자신이 원하는 일을 하며 사는 것은 참으로 멋진 일입니다. 그런데 그런 뜻깊은 도전을 지속하려면 우선 생계가 해결되어야 합니다. 정말 멋진 꿈을 펼쳤는데 현실의 벽에 부딪혀 다시 예전의 삶으로 돌아가게 되는 경우가 많습니다. 자기만족과 내면의 풍요로움만으로 버티기는 어렵습니다. 돈이 전부가 아닌 것도 맞고 돈으로 행복을 살 수 없다는 것도 맞습니다. 하지만 돈은 많은 불행을 막을 수 있는 방패가 되어 줍니다.

'내 가게'를 한다는 것은 가게에 내가 담긴다는 것을 의미합니다. 나의 취향, 나의 가치, 나의 경험, 나의 꿈…. 그것이 소비할 수 있는 여러 형태로 구현되고 그것이 사람들에게 공감을 받고 구매로 이어지는 것, 그게 바로 가게를 운영하는 것입니다. 카페는 상업 공간입니다. 모든 상점의 우선 목표는 상품을 파는 것이고 이윤을 남기는 것입니다. 그런데 카페는 그런 의도를 가장 잘 감추는 곳입니다. 그래서 주인마저 그 사실을 잊는 경우가 있습니다. 혼자 운영하는 작은 가게에서 그런 경우를 자주 봅니다.

"제 카페에 오는 손님들은 바쁘고 치열한 일상 속에서 잠시라도 삶의 여유와 낭만을 즐길 수 있으면 좋겠어요. 커피 몇 잔 팔고 돈 몇 푼 버는 게 뭐가 중요한가요? 누구든 몇 명이든 이곳에서 그런 삶의 기쁨과 행복을 누리는 것, 그걸로 전 충분합니다."

혹시 건물주이신가요? 그러면 그래도 됩니다. 카페는 삶의 여유와 낭만을 사람들에게 공짜로 나눠주는 곳이 아닙니다. 삶을 영위하는 것, 생계를 유지하는 것 또한 숭고한 일입니다. 사장은 돈 버는 일을 잊어서는 안 됩니다.

언젠가 여러분이 사장이 되었을 때, 이런 질문을 받으실 수도 있을 겁니다.

"사장님은 언제 행복하다고 느끼세요?"

저는 여러분이 이렇게 대답하시면 좋겠습니다.

"당연히 돈 많이 벌 때죠. 그 돈으로 제가 하고 싶은 일을 하고, 제가 만들고 싶은 회사를 운영하고, 제가 그리는 삶을 살고 있다는 게 행복해요."

기본을 지킵시다

학창시절에 남한산성으로 소풍을 간 적이 있습니다. 남한산성 입구에서 9시까지 모이기로 되어 있었습니다. 지금은 어떤지 모르겠지만, 예전에는 버스가 산성 입구까지 가지 않아서 산 아래 버스 정류장에서 걸어 올라가야 했습니다. 비슷한 시간대에 도착한 친구들이 각자 혹은 삼삼오오 무리를 지어서 산성 입구 방향으로 걸어 올라갔습니다. 위로 올라갈수록 길이 헷갈리지만, 정상 방향이니까 맞거니 하고 열심히 걸어갔는데 중간에 애매한 갈림길이 나왔습니다. 마침 정상 방향에서 내려오는 어르신이 계셔서 길을 여쭈었더니 지금 가는 길로 쭉 가면 금방 도착한다고 하시는 겁니다. 일러 주신 대로 방향을 잡자 뒤에서 있던 친구들도 자연스럽게 따라서 올라갔습니다. 그런데 도착하고도 남을 만큼 시간이 지났는데도 산성 입구는 보이지 않고, 길은 점점 험해지고 가팔라졌습니다. 간신히 9시 직전에 도착한 후 보니, 저희의 뒤편에서 올라오던 친구들이 저희보다 먼저

도착해 있었습니다. 어떻게 된 일이냐 물었더니 저희와 다른 코스로 편하고 안전하게 올라왔다고 답했습니다. 저희는 게으름을 피우다가 늦은 게 아니었습니다. 열심히 걸었지만 방향이 맞지 않았기에, 힘은 힘대로 들고 시간은 오래 걸렸던 겁니다.

카페를 운영하는 일도 마찬가지입니다. 카페가 잘되지 않는 이유는 노력이 부족해서가 아니라, 방향을 잘못 잡았기 때문입니다.

대부분의 카페 사장님들은 정말 열심히 일하십니다. 좋은 커피를 소개하기 위해서 비싼 커피를 사고, 큰 비용을 들여 좋은 장비를 쓰고, 커피에 관한 공부를 게을리하지 않고, 늘 친절하고 공손한 태도로 손님들을 대합니다. 아침부터 저녁까지 종일 가게를 지키고, 쉬는 날에도 평소에 바빠서 하지 못한 가게 일을 하곤 합니다. 이렇게 열심히 하면 분명히 잘돼야 할 것 같은데, 안타깝게도 모두가 좋은 결과를 얻지는 못합니다. 노력만으로는 성공 여부가 결정되지 않기 때문입니다.

많은 분들이 창업 전, 혹은 이후에도 '이런 카페를 하고 싶다.'라는 목표는 가지고 있는데, 정작 고객들에게 무엇을 줄 것인지에 대한 구체적인 계획은 별로 가지고 있지 않습니다. 내가 잘할 수 있는 것을 소비자가 좋아하는 방식으로 주는 것이 모든 사업의 기본인데도 내가 잘할 수 있는 것에 대한 관심만 크고 소비자가 좋아하는 것에 관한 관심은 매우 부족합니다. 장사가 안되면 소비자를 봐야 하는데 자신을 봅니다. 커피를 더 공부하고, 베이킹 수업을 추가로 듣고, 비싼 커피를 사 오고, 장비를 업그레이드하고… 이게 다 손님을 위한 거라고, 가게의 발전을 위해서라고 말하겠지만 그건 자기 자신을 위한 겁니다.

창업의 최종 수혜자는 창업주인 나 자신입니다. 그리고 창업주에게 혜택을 주는 사람은 소비자입니다. 그렇다면 당연히 소비자가 좋아할 만한 가게를 만드는 것이 기본입니다. "기본으로 돌아가라.", "기본만 잘 지켜도 성공한다." 와 같은 말들을 합니다. 소비자가 기본입니다. 소비자로 돌아가 소비자를 바라봅시다.

소비자에게 카페를 배워야 합니다

소위 '핫플'이라는 카페에 가면 이런 장면을 쉽게 볼 수 있습니다.

커피와 디저트가 나옵니다. 손님은 잔과 접시의 위치를 계속 바꾸고, 포크를 치웠다가 접시에 걸쳤다가 테이블 중앙에 놓고 찍고, 끝으로 옮겨 찍고, 자리에 앉아서 찍고, 일어나서 찍고, 멀리서 찍고, 가까이서 찍고, 그래도 맘에 안 들면 자리를 옮기기도 합니다. 이런 식으로 수십 장의 사진을 찍습니다. 그러다 보면 시간이 한참 지나기도 합니다. 그 사이 커피는 식어서 맛이 떨어지거나 얼음이 녹아서 싱거워집니다.

'멀리서 찾아와 웨이팅도 했는데, 기왕이면 맛있을 때 빨리 먹지.' 만든 사람의 마음은 이럴 것입니다. 그런데 그 공간에 있는 대부분의 사람은 아랑곳하지 않고 사진을 찍으면서 즐거워하고 만족스러워합니다. 나중에 후기를 찾아보면 너무너무 맛있었다고, 행복했다고 합니다.

6년 전쯤 후암동 주택가 좁은 골목 안에 카페가 하나 생겼습니다. 오픈한 지 얼마 안 되어 금세 유명해졌습니다. 인스타그램, 블로그 등에 수많은 포스트가 올라왔고 카페는 늘 사람들로 북적였습니다. 이 카페가 유명해진 당시, 이런 말을 하는 사람들이 많았습니다.

"카페는 커피가 맛있어야지, 저런 인스타용 카페는 오래 못 가."

"한 번쯤은 궁금해서 가겠지. 그런데 단골이 생기겠어?"

"저거 다 오픈 빨이야."

"커피를 마시러 오는 건지, 사진을 찍으러 오는 건지…."

문득 궁금해서 최근 인스타그램에 태그검색을 해 봤더니 3만 건 이상의 게시물이 나왔습니다. 여전히 잘되고 있다는 뜻입니다. 사실 그렇게까지 기다렸다가 먹을 만한 메뉴가 있는 곳은 아닙니다. 그런데 왜 잘되는 걸까요?

손님들을 사로잡은 것은 '맛'이 아니라 '멋'이었습니다. 전체적인 분위기도 너무 예쁘고, 소품 하나하나가 공간과 잘 어울립니다. 디저트와 음료가 나오는데, 먹기 아깝다는 생각이 절로 들 정도로 플레이팅이 정성스럽습니다. 누군가에게는 맛집일 수도 있겠지만, 이곳이 잘된 진짜 이유는 멋입니다.

여기서 더 중요한 점은, 창업자가 생각하는 멋을 소비자에게 강요한 것이 아니라, 소비자가 좋아할 만한 멋을 구현했다는 점입니다.

이 카페는 부부가 같이 창업을 했는데, 두 분의 전직은 디자이너입니다. 디자이너는 자신이 만들 디자인이 누구를 위한 것이며 무슨 목적으로 사용되는지, 디자이너 중심이 아닌 소비자 중심으로 생각하는 직업입니다. 단순히 내가 하고 싶은 것을 구현하는 것이 아니라 사회와 대중을 위한 것을 만들고 많은 사람의 공감을 이끌어내기 위해서 작업을 합니다. 사람들의 필요와 욕구를 잘 파악한다는 강점 덕분에, 디자이너 출신의 사람들이 창업한 매장은 대부분 잘 됩니다. 소비자에 대한 이해를 바탕으로 멋을 부리니, 그 공간은 독특한 것으로 관심을 끌어내고 보편적인 것으로 공감을 받습니다. 자연스레 사람들이 올 수밖에 없습니다.

창업은 본인을 위해서 하는 겁니다. 그러나 제품과 서비스는 소비자를 위한 것입니다. 소비자에게 제품과 서비스를 제공하고 이익을 얻는 것이 모든 사업의 기본입니다. 그런데 많은 가게들을 보면 맛도 있고 멋도 있는데 소비자는 없습니다. 소비자를 공부하지 않으면 어떤 비즈니스도 성공할 수 없습니다. 그렇다면 소비자를 어떻게 배울 수 있을까요?

저는 예비 창업자들에게 지금 가장 핫한 카페를 가보라고 합니다. 멀리까지 가서 수십 미터씩 줄도 서보고, 취향에 맞지 않더라도 인기 있는 메뉴를 먹어보라고 합니다.

"가보라고 해서 다녀오긴 했는데 막상 가보니까 그다지 특별한 맛도 아니고, 딱히 친절하지도 않고, 사람이 너무 많아서 쾌적하지도 않던데요?"

무슨 말인지 알겠습니다. 그런데 예비 창업자, 혹은 커피 전문가가 핫플레이스에서 느낀 아쉬움을 소비자들은 느끼지 못하는 걸까요? 그들은 커피 맛도 모르고, 그저 그런 디저트에도 감동하고, 주관이나 취향도 없이 그냥 유행하는 곳만 찾아다니는 걸까요?

아니요. 소비자들은 바보가 아닙니다. 많은 정보와 다양한 경험이 있고, 때로는 매우 현명합니다. 그런 그들이 아쉬움을 감수하고서도 가는 이유가 있는 것입니다. 그 이유를 잘 알고, 그것을 소비자들에게 주는 카페가 잘됩니다. 그것을 이해하는 순간 카페 창업에 대한 새로운 시각을 갖게 되고 구체적인 계획을 세울 수 있게 됩니다.

창업을 꿈꾼다면 소비자의 요구에 관심을 가져야 합니다.

세상에는 두 가지 카페가 있다

"거기가 커피값이 싸. 천 원이야."

"집에서 가까워. 커피도 나쁘지 않고."

"더우니까 그냥 가까운 데 아무 데나 가자."

"이 시간에 여는 곳은 거기밖에 없어."

"거기 작업하기 좋아, 책상도 넓고, 의자도 편하고. 콘센트도 자리마다 있어."

"샌드위치 맛집이야. 커피도 괜찮아."

"그 집에 '크리미 오렌지 빙수'라는 게 있는데 특이해. 거기 말고 파는 곳 본 적 없어."

"요즘 에스프레소가 유행이잖아. 한번 가보자."

"그 집 햇살이 진짜 좋아. 셀카 잘 나와. 찍어 놓고 나 아닌 줄!"

"거기 지난주에 수요미식회에 나왔잖아. 어쩐지 사람이 많더라."

"그 카페 네가 좋아하는 아이돌 단골 가게라던데."

"그곳 직원들은 엄청 친절해."

사람들이 카페를 선택하는 이유는 정말 다양합니다. 각자의 취향에 따라 다르고, 처한 상황에 따라 다릅니다. 아무

데나 들어갈 때도 있지만 반대로 아주 신중하게 고를 때도 있습니다. 소비자들이 카페에 기대하는 바가 다양해지면서 거기에 부응하는 여러 형태의 카페가 생기고 있습니다. 소비자의 입장에선 선택의 폭이 다양해져서 좋겠지만, 창업자에게 주어지는 숙제는 늘어나고 난도도 그만큼 높아졌습니다.

매우 복잡한 것 같지만, 사실 카페를 찾는 소비자들의 요구는 크게 두 가지입니다. 달리 말하자면, 소비자가 구매를 통해서 얻고자 하는 혜택은 크게 두 종류라는 겁니다.

첫 번째는 기능적인 혜택입니다.

기능적인 혜택은 소비자가 지각하는 문제를 해결해 줄 수 있는 혜택을 뜻합니다. 어떤 것이 있을까요?

사람들은 카페인을 얻으러 카페에 갑니다. 카페에 가면 비와 바람을 피할 수 있는 벽과 천장을 얻을 수 있습니다. 편하게 앉아서 시간을 보낼 수 있는 테이블과 의자도 기능적인 혜택에 해당합니다.

보통 기능적인 혜택이 필요할 때는 아무 데나 갑니다. 잠을 깨기 위한 커피를 위해 굳이 먼 곳까지 갈 일은 없습니다. 맛과 취향의 차이는 있겠지만, 카페인을 섭취한다는 기능적 혜택은 동일하기 때문입니다. 당연히 웨이팅을 할 일도 없습니다. 편의점에 가면 카페보다 훨씬 저렴한 가격으로 카페인을 섭취할 수 있습니다. '카페인 제공'이라는 기능적 혜택만 생각하면 편의점이 훨씬 유리합니다. 빨리 나오기도 하고, 커피뿐 아니라 다른 제품들도 구매하기 편리합니다. 이렇듯 기능적인 혜택은 특정한 곳을 찾지 않아도 쉽게 충족할 수 있습니다. 그러니 기능적인 혜택을 기반으로는 재방문이나 충성고객을 기대하기 어렵습니다.

두 번째는 감정적인 혜택입니다.

제품이나 브랜드를 소유하거나 소유하는 상상만으로 심리적 만족감을 얻게 되는 것을 뜻합니다.

이런 카페가 있습니다. 카페를 창업하면서 내놓은 대표 메뉴가 유명세를 탔습니다. 얼마나 사람들이 많이 오는지, 추위 속에서 1시간 넘게 줄을 서서 주문을 했더니 "2시간 후에 찾으러 오세요."라고 합니다. 줄 서느라 시간을 쓰고 음료를 받으려면 다시 한참을 기다려야 하는데도 전국에서 사람들이 찾아옵니다. 도대체 얼마나 대단한 음료이기에 사람들은 이렇게 많은 시간을 투자하여 커피 한 잔을 먹으려는 걸까요? 게다가 이 메뉴가 잘 팔린 후 전국 카페에 유사한 메뉴가 생겼는데, 왜 굳이 여기에서 음료를 마시려고 하는 걸까요? 원조의 맛은 뭔가 다를 거라는 기대감 때문일 수도 있고, 원조라는 프리미엄을 소유하고 싶었을 수도 있고, 그 험한 웨이팅을 견디고 시그니처 음료를 마셨다는 경험담을 얻고 싶었는지도 모릅니다.

사람들이 특정한 브랜드를 선택하는 이유도 제품의 기능보다는 제품에서 비롯되는 감성에 있습니다. 집 근처에도 비슷한 가게가 있지만 굳이 먼 거리를 찾아오는 것, 조금만 기다리면 온라인 샵에서 살 수 있는 제품인데 최초의 구매자 몇 명 안에 들고 싶어서 밤을 새우는 것도 감정적 혜택을 얻기 위한 것입니다.

모든 카페는 기본적으로 기능적인 혜택을 제공하지만, 특히 기능적인 혜택이 집중된 카페가 있습니다. 대부분의 프랜차이즈 매장이 그렇습니다. 대체로 넓고, 좌석도 많고, 메뉴도 다양합니다. 기능적인 혜택은 다들 비슷해서 브랜드에 대한 충성도가 거의 없습니다. 노트북을 쓸 자리를 찾을 때 굳이 카페 브랜드를 따질 필요는 없을 겁니다. 선호하는 브랜드가 있다고 해도, 자리가 없다면 다른 곳으로 갑니다.

기능적인 혜택이 집중된 매장으로 승부하려면 많은 자본이 필요합니다. 더 싸게 팔아야 하고, 더 많은 좌석을 갖춰야 하고, 접근성이 좋은 곳에 더 넓은 공간을 임대해야 하므로 비용이 많이 듭니다. 이는 개인사업자가 택하기에는 적합하지 않은 유형의 매장입니다.

그에 비해 감정적인 혜택을 주는 카페들은 공간의 크기도 중요하지 않고, 좌석이 불편해도 괜찮습니다. 메뉴는 집중하는 주제에 맞게 구성하면 됩니다. 이곳에서의 경험이 핵심이므로 다른 곳으로 대체할 수 없습니다. 그래서 자리가 없으면 대부분 기다립니다. 이곳에서 특별한 경험을 한 사람들은 자신의 소감을 공유하고, 그 내용은 확산됩니다. 광고를 통한 일방적인 전달이 아니기 때문에 후기를 읽는 사람들이 매장에 갖는 관심과 호감도는 높아집니다. 또 기능적인 매장은 반드시 구비되어야 하는 시설이 많은 반면, 감정적인 혜택을 주는 매장은 그 목적에 따라 꼭 필요한 것만 있으면 됩니다. 규모와 상권이 크게 중요하지 않기에 창업 비용면에서도 유리할 수 있습니다.

프랜차이즈 카페의 수와 그 방문객의 숫자는 개인 브랜드에 비해서 압도적으로 많지만, 프랜차이즈 브랜드가 선택을 받는 이유는 기능적인 혜택 때문입니다. 주변에 다른 브랜드의 프랜차이즈 매장이 생기면 매출이 줄어듭니다. 그러나 감정적인 혜택을 주는 카페는 새로 생긴 프랜차이즈 매장에도 영향을 적게 받습니다.

저희 매장과 가까운 곳에도 프랜차이즈 커피 매장이 순차적으로 들어왔습니다. 직원들이나 손님들은 걱정을 많이 했지만, 저는 걱정하지 말라고 했습니다. 당시에 저희 매장은 이미 사람들이 찾아오는 매장이 되어 있었기 때문입니다. 자리가 필요해서 프랜차이즈 매장에 들어갔다가 자리가 없어 헤매던 중 우연히 저희 매장을 들어올 수는 있어도, 저희 매장을 일부러 찾아왔다가 자리가 없다고 프랜차이즈 매장에 들어갈 사람들은 거의 없을 거라 생각했습니다. 실제로 프랜차이즈 매장의 영향은 없었습니다. 저희 매장은 감정적인 혜택을 제공하는 카페이기 때문이었습니다.

소비자들은 필요에 따라서 기능적인 혜택을 주는 카페를 가기도 하고, 감정적인 혜택을 주는 카페를 가기도 합니다. 그런데 저는 카페가 생존하기 위해서는 반드시 소비자들에게 감정적인 혜택을 주어야 한다고 생각합니다. 비단 카페뿐만 아니라, 오프라인 공간을 통한 사업을 한다면 반드시 그래야 한다고 생각합니다. 앞서 언급했듯 감정적인 혜택을 주어야 경쟁에서 비교적 자유로울 수 있고, 창업 비용도 유연하게 사용할 수 있습니다. 무엇보다도 소비자들은 감정적인 혜택을 주는 공간을 좋아합니다. 기능적인 혜택 위주의 매장은 결정적으로 매력이 부족하기 때문입니다.

우리가 만들어갈 공간은 감정적인 혜택을 주는 곳이 되어야 합니다. 제가 앞으로 제안하는 모든 내용은 이러한 목표를 향해 있습니다. 저 역시도 기능적인 면을 중시하며 오래 일해 왔기에, 새로운 관점으로 카페를 보는 것이 어려웠습니다. 많은 공부와 인식의 전환이 필요했는데, 그걸 해내지 못했다면 10년은 고사하고 5년도 버티기 어렵지 않았을까 싶습니다.

우리는 모두 비일상이 필요합니다

관계, 직업, 돈, 주거, 여가 등을 다루는 방식에 따라 삶은 다양한 모습을 보입니다. 그러면서도 정해진 일상을 살아가는 존재라는 점에서는 우리 모두 크게 다를 바 없는 삶을 살고 있기도 합니다. 자고, 일어나고, 밥을 먹고, 일하고, 잠깐의 휴식을 취하고···. 생존을 위해 매일 이것을 반복하고 있습니다. 반복은 참 버겁습니다. 변화가 없는 일상의 반복은 사람을 지치게 합니다. 그래서 가끔은 그 반복을 멈추고 일상과 거리를 두는 시간이 필요한데, 저는 그것을 '비일상'이라고 부릅니다. 비일상을 누리기 위해서는 공간의 변화가 필수입니다. 단절이 되든 이동이 되든 지금의 자리를 잠시 떠나 있을 필요가 있습니다.

사람들이 감정적인 혜택을 주는 카페를 좋아하는 이유는 그 공간이 비일상을 제공하기 때문입니다. 물론 집에서도 커피를 마실 수 있고, 케이크를 사다 먹을 수 있습니다. 요즘은 배달 서비스가 잘되어 있어서 거의 모든 맛있는 음식을 배달로 해결할 수 있습니다. 그러나 아무리 맛있는 것을 시켜 먹어도 집에서는 그 맛이 안 납니다. 아무리 잘 꾸민다고 해도 집은 일상의 공간이기 때문입니다. 아무리 맛이 좋아도 식당이나 카페에서의 비일상을 느낄 수 없습니다. 주문한 밥을 다 먹은 후 스스로 설거지를 하러 가는 모습을 떠올려 보면 설렘은 느껴지지 않습니다. 사람들이 카페를 사랑하는 이유는 비일상이 주는 설렘 때문입니다.

그런데 모든 카페가 사람들에게 비일상의 가치나 매력을 선사하지는 않습니다. 일단 카페가 너무나 많습니다. 도시에 사는 사람이라면 어디를 가나 카페를 쉽게 찾을 수 있습니다. 너무 흔해지면 비일상으로서의 가치가 희석됩니다. 게다가 '침실' 하면 떠오르는 이미지가 공연히 있듯이 '카페' 하면 떠오르는 이미지가 있습니다. 문을 열고 들어가면 바가 있고, 그 위에 커피머신이 있고 쇼케이스가 있습니다. 홀에는 테이블과 의자가 있습니다. 뻔한 위치에 뻔한 액자가 걸려 있고, 누구나 듣기 편한 익숙한 음악이 나옵니다. 대부분의 프랜차이즈 매장이 이런 분위기입니다. 너무나도 익숙한 카페라서 비일상적인 느낌이 없습니다. 개인 카페는 어떤가요? 기본 포맷은 비슷합니다. 여기서 메뉴 수가 적거나, 테이블과 의자가 좀 특이하거나, 공간이 좁을 뿐입니다. 새 매장의 경우 새것이 주는 신선함이 있어서 뭔가 특별하게 느껴질 수는 있습니다. 하지만 새것이 선사하는 비일상의 유지기한은 그리 길지 않습니다.

카페가 비일상을 전달하려면, 다른 카페들과는 달라야 합니다. 단순히 눈에 보이는 요소만 달라서는 안 됩니다. 테이블과 의자가 없어 서서만 먹을 수 있다든가, 건물 1층이 아닌 빌딩 꼭대기 층에 있든가, 주말만 열든가, 예약제로만 운영하는 등 모두가 익히 아는 일상의 카페와는 다른 무엇이 있어야 사람들은 설렘을 느끼고 찾아옵니다.

로망이 주는 비일상

편안한 분위기의 거실 혹은 주방을 모티브로 한 카페들

은 인기가 많습니다. 주로 이런 모습의 공간입니다.

창문에는 깨끗한 커튼이 드리워져 있고, 작은 화분이 햇살을 받고 있습니다. 탁자에는 빛이 조금 바랜 식탁보가 단정하게 깔려 있습니다. 벽에는 손때 묻은 조리도구가 가지런히 걸려 있고, 찬장에는 요란하지도 조잡하지도 않은, 차분한 톤의 잔과 접시가 간격을 지키며 가지런히 놓여 있습니다. 나무로 만들어진 티스푼과 포크의 촉감은 참으로 따뜻하고, 공간의 중심에는 난로가 놓여 있습니다. 영국인 할머니가 썼을 것 같은 주전자에서는 소곤소곤 소리를 내며 김이 올라옵니다.

우리들의 주방과는 많이 다르지요? 주방과 살림에 특별한 관심과 시간적 여유가 있는 분들만 구현할 수 있는 주방의 모습입니다. 보는 순간 '와, 나도 이런 집에 살고 싶다.', '이렇게 꾸며 보고 싶다.'라는 마음이 듭니다.

거실이나 주방이라는 공간 자체는 매우 일상적인 공간입니다. 그러나 우리의 주방과 위와 같은 공간은 다릅니다. 우리의 주방은 어떤가요? 플라스틱으로 만들어진 조리도구는 서랍 속에 구분 없이 들어가 있고, 잔과 그릇 중 안 쓰는 것들은 아예 보이지 않게 찬장 안에 있을 겁니다. 조미료나 소금 같은 것들은 양념통에 옮기지 않고 봉지째 쓰는 경우도 있을 거고, 주방의 톤과 상관없이 빨간 고무장갑이 싱크대 주변에 놓여 있을 겁니다.

하고 싶은데 지금의 내가 하지 못하는 것을 구현해 놓았다면 사람들은 그 공간을 보고 설렘을 느낍니다. 이러한 로망은 비일상입니다. 빈티지가 카페 인테리어에서 인기가 좋은 이유는 집에서는 그런 주방과 거실을 꾸미기 어렵기 때문입니다.

예쁘게 꾸미고 정리하며 사는 게 좋기는 해도, 자신이 원하는 대로 모든 걸 갖추고 산다는 것은 무척이나 어려운 일입니다. 그래서 마치 집에 온 듯한 편안함을 선사한다는 것은 철저한 비일상입니다. 내 집에서는 절대 누릴 수 없는 편안함이기 때문입니다.

'가정식 식당'이라는 것도 비슷한 맥락입니다. 물론 다른 나라, 다른 문화권의 일상이 우리에게 비일상이 된다는 것이 포인트가 되기는 하지만, 더 중요한 부분은 집에서 우리는 이렇게 차려 먹지 않는다는 겁니다. 집에서 밥을 먹을 때는 예쁜 그릇에 음식을 정갈하게 담지 않습니다. 밀폐 용기 뚜껑을 열어서 그냥 펼쳐 놓고 먹습니다. 수저받침이나 식탁보도 깔지 않습니다. 삶이 바빠 일상에서 구현하지 못하는 것을 다른 공간에서 누릴 수 있다는 점이 핵심입니다.

어찌 보면 매우 일상적인 것들, 그런데 당장에 할 수 없어서 마음에 담아둔 것들을 구현해 놓은 곳은 사람들의 마음을 설레게 합니다.

공간이 주는 비일상

모 카페에 간 적이 있습니다. 생긴 지 얼마 안 되었는데 벌써부터 인기라는 소문을 듣고, 마침 근처에 들를 일이 있어서 가보았습니다. 커피, 음료, 디저트 전부 맛있었지만 그렇다고 다른 곳에서는 먹을 수 없는 새롭고 특이한 메뉴는 아니었습니다. 몇몇 메뉴들은 좀 완성도가 아쉽기도 했습니다. 좁은 공간에 사람은 많으니 복잡하고 대화하기도 불편했습니다. 당연히 음악 소리도 거의 들리지 않았습니다. 대신에 찰칵찰칵 사진 찍는 소리가 끊임없이 들렸습니다.

흥미로운 점은 실내에 자리가 있어도 앉지 않고 바깥 자리가 나길 기다리는 분들이 꽤 있었다는 겁니다. 그 카페의 바깥에 앉아서 사진을 찍으면 색다른 분위기가 나기 때문이었습니다. 커피를 다 마시고 난 뒤에도 사람들이 한참 동안 가게를 배경으로 사진을 찍는 모습을 볼 수 있었습니다. 이곳에 다녀온 사람들의 평은 대체로 이렇습니다.

'서울에서 즐기는 유럽 감성'

'영국 대저택의 집사가 준비해 주는 커피를 마시는 기분'

'서울의 작은 런던'

'파리의 가을이 떠올랐다'

사실 그 공간의 분위기가 런던 분위기인지, 파리 무드인지, 다른 어떤 유럽 국가의 스타일인지 저는 감이 잘 오지 않았습니다. 그래도 확실하게 알 수 있었습니다. 사람들이 이곳에서 느끼는 비일상은 '여행'이었습니다.

여행은 비일상의 끝판왕이라고도 할 수 있을 겁니다. 여행의 목적 역시 비일상입니다. 카페투어는 여행보다 훨씬 저렴한 가격으로 여행에 준하는 효과를 누릴 수 있습니다. 같은 프랑스식 빵을 파는 곳이라도 깔끔한 쇼케이스에 단정하게 빵을 진열해 놓은 곳보다, 한켠에 밀가루 포대도 있고, 계란판도 쌓여 있어 프랑스 시골 마을을 연상하게 하는 공간의 빵집이 더 눈에 띕니다.

또 사람들이 많이 가는 카페 중에 뷰가 좋은 카페들이 있습니다. 건물 17층에 있어서 도시의 풍경을 멀리까지 볼 수 있다거나 고층 건물들을 운 좋게 피해 남산타워가 잘 보이는 위치에 자리 잡은 카페도 인기가 좋습니다. 도심의 구석진 동네인데 창밖으로 만개한 벚꽃이 보인다거나 목련 나무가 있다는 것만으로 손님들이 가득한 카페도 있습니다.

사실 인테리어의 끝은 뷰입니다. '뷰 맛집'이라는 말 들어보셨나요? '목련 맛집', '벚꽃 맛집', '햇살 맛집', '대문 맛집' 등 다양한 뷰 맛집이 있는데, 이는 카페투어를 열심히 다니는 사람들에게는 익숙한 말입니다. 뷰 또한 비일상에 해당합니다. 우리 집에서는 그런 경치가 보이지 않기 때문입니다. 회사가 고층빌딩이어서 서울 시내가 다 보인다 해도, 회사는 일터입니다. 회사에서 보는 야경이 아무리 아름다워도 고단한 야근에 그다지 위로가 되진 못합니다. 일상과 비일상의 차이는 이렇게 큽니다.

사람이 주는 비일상

어느 아케이드 상가에 있는 카페에 관한 이야기입니다.

아케이드 상가는 상층부에 건물의 주 용도 시설이, 지하에는 근린생활시설이 죽 늘어선 판매 점포를 말합니다. 보통 건물의 상층부에 상주해 있는 사람들에게 일상적인 편의를 제공해 주는 상점들이 지하에 위치해 있습니다. 식당, 문구점, 세탁소, 미용실 등이 있고 카페도 있습니다.

이 상가 안에도 여러 개의 카페가 있습니다. 그런데 유독 한 카페에만 손님들이 몰립니다. 로스팅을 직접 한다거나 좋은 커피를 쓴다는 얘기도 딱히 없고 유행하는 메뉴나 대대적으로 홍보하는 시그니처 메뉴도 없습니다. 누구나 알 만한 커피 브랜드도 아니고 규모가 크거나 인테리어가 특별하지도 않습니다.

다만 한 가지 다른 점이 있다면 '사장님'입니다. 그곳 사장님은 커피를 내리지는 않고, 오직 주문을 받고 음료와 음식이 나왔음을 알려주는 역할만 합니다. 손님을 대할 때 잘 웃거나 단골손님들과 환담을 나누거나 하지는 않습니다. 대신 주문을 받을 때 손님의 이름을 물어보고 음식이 나오면 그 이름을 부르며 눈을 마주치고 늘 같은 인사를 건넵니다. 그 카페를 이용하는 사람들의 이야기를 듣자면 그 사소한 과정에서 자기 이름을 정중하게 불러주는 것에 뭔가 특별한 감흥을 느낀다고 합니다. 저는 이 이야기를 듣고 '여기를 찾는 손님들은 이름이 불릴 때마다 대접받는 느낌을 받겠구나.'라는 생각을 했습니다.

회사에서 직함이나 이름으로 불릴 때 상냥하거나 다정한 느낌을 받는 경우는 거의 없을 겁니다. 가정에서는 '언니', '형', '아빠', '엄마'와 같이 집에서의 역할로 불리곤 합니다. 이 카페를 방문하는 사람들은 어쩌면 그 어떤 관계에도 놓여 있지 않은 사람의 소소한 친절함에 감동을 느꼈을지도 모릅니다. 이름이 불렸지만 부담감을 느낄 필요가 없는 공간에서 편안함을 느낀 것입니다.

나의 일상의 바깥에 있는 사람은 그 자체로 비일상입니다. 그런 존재에게 친절과 배려가 담긴 말을 해 준다는 것은 무척 가치 있는 일입니다. 그렇기에 손님들을 반갑게 맞이하는 것은 강력한 비일상이 됩니다.

비일상을 선물하는 공간

저희는 2020년과 2021년 두 번에 걸쳐서 크리스마스 파티를 열었습니다.

코로나 이전에는 매장에서 행사라는 것을 한 적이 없었는데, 오히려 모여서 무언가를 하는 것이 금지된 상황에서 파티를 열기로 했습니다. 팬데믹 상황에서 정부의 방역 조치로 영업에 대한 여러 제한이 생겼고, 동시에 감염에 대한 불안감으로 사람들은 외출을 꺼리게 되었습니다. 저희 역시 매장 매출은 반 토막이 난 상태였고 너무나 힘든 시기를 보내고 있었습니다. 그렇게 일 년 내내 근심과 걱정 속에서 아등바등 열심히 살아냈는데 이렇게 허무한 연말을 보내선 안 되겠다 싶었습니다. 나라도 나를 좀 응원해 줘야겠다는 생각을 했고, 함께 모여서 서로를 응원해 주고, 힘들게 한 해를 견뎌온 우리 자신에게 뜻깊은 선물을 해 주는 자리를 만들기로 결심했습니다. 파티의 목표는 이러했습니다.

우리 모두 모여서 맛있는 것을 먹고 예쁜 사진을 남기자.
친구를 만들고 이야기를 나누자.
팬데믹이라는 새로운 일상 속에서 일 년 동안 고생한 나에게 비일상을 선물하자.

행사의 이름은 '크리스마스 사일런트 파티'였습니다.
방역을 위해서 모든 자리는 1인석으로 운영했습니다. 테이블 일부를 빼서 간격을 넓게 유지했습니다. 테이블마다 크리스마스 분위기에 어울리는 테이블보와 촛대, 작은 화분 등의 오브제를 배치했습니다. 특별한 날에 어울릴 만한 내추럴 와인과 핑거푸드, 스낵, 시즌 한정 디저트와 커피, 크리스마스 음료까지 약간의 격식을 갖추어서 제공했습니다. 행사에 대한 안내와 메뉴를 소개하는 안내문도 테이블마다 제공했습니다.
파티의 핵심 요소는 메신저 앱으로 의사소통을 한다는 점이었습니다. 말이 아닌 글로 대화하는 방식이었습니다. 서로의 정체를 알지 못한 채 아주 활발한 대화가 이루어졌고, 그 덕에 고요하면서도 아주 떠들썩한 파티가 되었습니다.

처음 만난 사람들이 어색함 없이 어울리는 것은 어렵습니다. 여럿이 모이다 보면 소외되는 사람이 생길 수도 있습니다. 그런데 이 파티는 대면의 어색함과 부담이 없으니 놀기 편합니다. 그냥 듣고 구경만 해도 불편하지 않습니다. 2시간 가까이 모르는 사람들과 소소하고 가벼운 이야기부터 진지하고 묵직한 이야기까지, 너무나 즐거운 시간을 보냈습니다.

이 파티에 담긴 가치는 '낯선 사람과 친구가 되는 경험'입니다. 모든 사람에게는 일과 학업의 일상에서 벗어나 휴식과 재충전을 할 수 있는 비일상이 필요합니다. 그런데 코로나가 장기화되면서 외출이 제한되고 만남이 단절되어 그전에 누리던 비일상의 기회가 크게 줄었습니다. 재택근무, 온라인 수업 등 일상의 삶이 비대면이 되면서 일과 휴식 사이 경계가 사라졌고, 오프라인 환경에서 느낄 수 있는 정서적인 교류가 대폭 감소했습니다. 거기에 여러 어려움을 겪고 있는 현실까지 더해지니 더욱 견디기 힘든 일상을 살아

가게 되었습니다. 역설적이게도 이 시대에 사람들이 원하고 필요로 하는 비일상은 사람, 대화, 친구, 관계와 같은 일상적인 것이 되었습니다.

"올해 처음 이미를 알게 되고 제 세상이 넓어지는 느낌을 받았는데, 연말에도 덕분에 따뜻한 추억이 한 조각 남았습니다."
"앞으로 연말마다 예약해서 와야 한 해 마무리를 잘했다는 느낌이 들 것 같아요."
"평소 모르는 사람들과 어울리는 것을 힘들어하는데, 카톡으로 얘기하니까 어색하지 않고 편하게 대화를 할 수 있어서 좋았어요."

참가하셨던 분들이 다양한 소감을 남겨주셨습니다. 저희는 코로나가 끝나고 일상을 되찾게 되더라도 이 파티를 열려고 합니다. 낯선 사람들에게 서로의 정체를 숨긴 채, 손가락으로 대화를 하고, 모르는 사람과의 대화에서 내적 친밀감을 느끼고, 편견 없이 서로를 응원하고 격려하는 시간을 가질 수 있다니! 매우 멋있고 행복한 비일상이라고 생각합니다.
아마도 이 파티는 저희 이미의 시그니처가 되지 않을까요?

능력 있는 사장이 되기 위한 연습

카페를 창업하려는 사람 중에는 다른 업종에 종사하던 분들이 많습니다. 안 해본 것들을 해야 하니까 커피나 디저트를 배우기 위해서 학원도 다니고 자격증도 땁니다. 그런데 문제는 현장 경험이 충분하지 않으면 가게를 운영하기 위해서 어느 정도의 커피 지식이 필요한지, 얼마나 능숙해져야 하는지를 가늠하기가 어렵다는 겁니다. 돈을 주고 커피를 사 먹는 입장에서 돈을 받고 커피를 파는 입장이 된다는 건 평소와 정반대의 상황에 서는 것이니, 자신의 실력에 대한 의심과 불안은 어쩌면 당연할 수도 있습니다. 그렇다 보니 카페 창업이라는 목표에서 가장 부담스러운 것이 커피입니다. 그런데 이런 생각은 이 업계에서 잔뼈가 굵은 바리스타나 로스터들도 많이 합니다. 현장에서 이미 충분한 기술을 발휘해 왔을 것이고, 소위 이 바닥이 어떻게 돌아가는지도 잘 알 만한 사람도 여전히 카페 창업을 하기엔 자신의 커피 실력이 아직 부족하다는 이야기를 많이 합니다.

그러나 카페를 하기 위해서 A부터 Z까지, 커피의 모든 것을 잘 알아야 할까요? 고깃집을 차리기 위해서 가축, 사료, 양돈, 식품유통 등 축산의 전 과정을 사장이 다 알아야 할 필요는 없습니다. 그 모든 걸 잘 안다고 고깃집 장사가 잘되는 게 아닙니다. 마찬가지로 카페를 하기 위해서 커피의 모든 것을 다 알 필요는 없습니다.

카페 사장으로서의 여러분의 목표는 무엇인가요? 커피를 잘하는 것인가요, 아니면 카페를 잘하는 것인가요? 커피를 지금보다 더 잘하고 싶은 거라면 창업을 미루고 커피에 더 집중할 수 있는 일을 해야 합니다. 그러나 사장이 되면 사장으로서 해결해야 하는 문제를 마주하게 됩니다. 문제를 해결하기 위해서는 커피 실력을 단련하는 데에만 집중해서는 안 됩니다. 사장이 되는 공부도 해야 합니다.

그럼 사장이 되려면 어떤 공부를 해야 할까요? 운동선수들이 종목과 포지션에 따라 조금씩 다른 운동을 하듯이, 어떤 사업을 하느냐에 따라 공부할 내용이 다릅니다. 그러나 종목과 포지션 상관없이 러닝, 웨이팅, 스트레칭 등 모든 선수가 필수로 하는 기본적인 훈련들도 있습니다. 마찬가지로 어떤 카페를 하든, 어떤 능력과 장점이 있든 사장이라면 다음의 세 가지는 필수로 연습해야 한다고 생각합니다.

첫 번째, 센스 키우기

요즘 핫하다는 카페들을 가보면 절로 '이쁘다', '센스 있다'라는 생각이 듭니다. 어떻게 이런 센스를 발휘했을까 싶어서 나중에 여쭈어보면, 사장님들 중 디자인 계통 일을 하셨던 분들이 꽤 많습니다. 공간을 멋지게 꾸미기 위해서는 미적 감각이 필요하고 확실히 디자인 또는 그와 유사한 일을 하셨던 분들에게는 센스가 있습니다.

"저는 센스가 없는데 어떡하죠?"라고 걱정할 수도 있겠지만 센스는 타고난 재능이 아닌 경험과 관찰의 산물이기에 충분히 기를 수 있습니다. 처음에는 전부 비슷하게만 느껴지던 커피도 꾸준히 마시다 보니 그동안 느끼지 못했던 맛과 향을 발견하게 되는 것처럼 말입니다. 무엇이든 많이 보고 많이 들으며 경험의 깊이와 폭을 넓혀가다 보면 센스를 키울 수 있습니다.

특히 카페를 잘하기 위해서 꼭 필요한 센스는 '사람에 대한 센스'라고 생각합니다. 세상을 살다 보면 이해할 수 없는 사람들도 많고 나와 맞지 않는 사람도 만나게 됩니다. 그런 사람들까지 모두 수용할 수 있는 너그러운 마음을 키우라는 말이 아닙니다. 다만 편견 없이 사람들을 보는 태도가 필요합니다. '저런 걸 왜 좋아하는지 모르겠어.'라고 단정해버리면 생산자와 소비자 사이 괴리는 좁혀지지 않습니다. 편견을 버리고 관찰하다 보면 사람들이 무엇을 좋아하고, 왜 좋아하는지가 보이게 됩니다. 그것을 파악해야 소비자들이 좋아할 만한 제품과 서비스를 만들 수 있습니다. 그리고 사람들에게 어떤 감정적인 혜택을 줄지를 생각해 볼 수 있습니다.

어떤 사장님께서 새로운 식당을 준비하면서, 맛집을 많이 다니는 지인을 초청하여 미리 음식의 맛을 봐 달라고 청했다고 합니다. 시식을 마친 후 지인이 건넨 말은 "맛은 있는데 장사는 안되겠다."였다고 합니다. 그게 무슨 의미냐고 물어봤더니, "그 동네는 어린 친구들이 오잖아. 애들은 이런 점잖은 스타일은 안 좋아해."라고 하면서 사진을 하나 보여주더랍니다. 그 사진 속의 음식은 요리사로서 선호하지 않는 스타일이었는데, 지인이 이어서 이런 이야기를 해주었다고 합니다.

"너 좋아하는 거 말고 손님이 좋아하는 거 하는 게 식당이잖아. '나 이런 거 하는 사람이니까 이거 좋아하는 사람은 오세요.'라고 할 수도 있지만, '여러분이 좋아하는 걸로 제가 준비했습니다.'라고 할 수도 있는 거잖아."

사장님은 지인의 조언을 받아들였고, 그대로 실행에 옮겼다고 합니다. 자신만의 조리기법에 요즘 사람들이 좋아할 만한 플레이팅을 합쳤는데, 그야말로 대박이 났습니다. 특별히 홍보에 힘쓰지 못했는데, 가게를 좋아해 주시는 손님들이 열심히 알려준 덕에 금세 유명해졌다고 합니다.

두 번째, 기록하고 공유하기

카페가 낼 수 있는 수익에는 한계가 있습니다. 규모가 크면 수익을 발생시키기 유리하지만 그만큼 비용이 많이 발생합니다. 더군다나 작은 카페가 낼 수 있는 수익은 한계가 더욱 명확합니다. 그렇기에 첫 매장을 시작할 때는 큰 수익에 목표를 두지 말고, 생존에 목표를 두는 것이 좋습니다.

대신에 기록을 열심히 하고 공유하는 연습을 하기를 권합니다. 자영업자의 장점은 바로 내 것을 운영한다는 것입니다. 내가 지금 하는 일, 내가 잘하는 것, 고민하고 있는 것, 도전하고픈 과제, 나의 목표, 비전 등 나를 보여줄 만한 것들을 열심히 기록하고 공유합시다. 자신의 이야기를 꾸준히 사람들에게 보여주면 기회가 옵니다.

기회는 보통 가까운 사람들을 통해서 오지 않습니다. 오랫동안 당신을 봐온 사람들은 당신의 무지함, 게으름, 허점 같은 것은 잘 알면서도 당신의 실력과 장점이 가진 가치에 대해서는 잘 모릅니다. 기회는 오히려 조금 먼 거리의 사람들을 통해서 옵니다. 기록된 내용으로만 당신을 알고 있는 사람들이 투자, 동업, 협업, 납품, 상담, 교육 등을 제안해 옵니다.

기록과 공유가 중요한 이유는 또 있습니다. 바로 소통입니다. 카페가 감정적인 혜택을 받을 수 있는 공간으로 주목받게 된 데에는 SNS의 공이 큽니다. 사람들은 검색을 통해 자신의 취향에 맞는 카페를 찾습니다. 그리고 그 카페에 가공들여 사진을 찍고 코멘트와 함께 SNS에 올립니다. 카페에서의 경험을 공유하면, '좋아요'와 댓글을 통해 사람들의 공감을 얻게 됩니다. 만약 그곳이 아직 잘 알려지지 않은 곳이라면 남들보다 빠르게 멋진 카페를 찾아낸 안목과 정보력에 대한 칭찬을 듣게 됩니다. 이러한 과정은 소비자에게 만족감을 줍니다. 카페에 관한 기록과 공유가 단순히 정보 제공에서 그치지 않고, 취향의 공유와 정서적 공감으로 이어진 것입니다. 이러한 흐름 속에서, 공간을 제공하는 창업자와 소비자 사이의 소통 또한 활발하게 이루어집니다. 창업자의 생각과 창업자가 추구하는 가치에 공감하는 소비자는 그 기록과 공간에 호응합니다. 이러한 움직임은 좋은 공간을 만드는 과정에 큰 기여를 합니다.

SNS로 인해 카페를 즐기는 문화가 역동적이고 다채로워지고 있습니다. 그렇기에 저는 창업자들이 SNS에 특히 많은 관심을 가지기를 권합니다.

세 번째, 경험하기

세미나나 컨설팅을 할 때, 저는 참가자와 클라이언트에게 몇 가지 과제를 드립니다. 그중 하나는 모 스킨케어 제품 브랜드 매장에 방문하는 것입니다. 카페도 아니고 식당도 아닌 스킨케어 제품 브랜드 매장이라니. 처음에는 다들 당황하십니다. 제가 카페가 아닌 다른 분야의 매장을 가보라고 권하는 이유는 그 브랜드의 철학이 선명하고, 그에 걸맞은 제품을 잘 만들기 때문입니다. 제품의 질뿐 아니라, 패키지와 디스플레이도 훌륭합니다. 매장 인테리어가 너무 멋있어서 조금만 손보면 그대로 카페를 해도 될 정도입니다. 매장에서는 제품을 체험해 볼 수 있는데, 그 과정도 잘 설계되어 있습니다.

카페 창업을 준비하는 사람들은 먼저 여러 카페를 찾아가 보곤 합니다. 그런데 누구나 마음속에 자신이 만들고 싶은 카페의 이미지가 있습니다. 그래서 자신이 그리는 이미지와 다른 곳을 가면 별로 안 좋은 곳으로 느껴집니다. 그러다 보면 자연스럽게 내 마음속에 그리고 있던 카페와 비슷한 곳 위주로 다니게 됩니다. 결국 경험이 확장되지 않습니다. 경험을 일부러 늘리지 않으면 새로운 것이 나올 수가 없습니다. 그래서 비슷비슷한 카페보다 새로우면서도 흥미로운 다른 영역의 매장에 가보라고 권하는 것입니다. 그래야 생각이 확장됩니다. 나에게 익숙한 것들만 찾아다니면 한계가 명확해집니다. '이렇게 사는 사람들도 있구나.', '이런 것들에 돈을 쓰는구나.' 하는 것들을 경험해 보면 좋습니다.

예를 들어 1억의 창업자금을 소박하게 살아온 사람과 부잣집에서 자란 사람에게 똑같이 준다면, 누가 더 사업을 잘할까요? 저는 후자가 유리하다고 생각합니다. 세상에는 다양한 것이 있다는 것을, 사람들이 무엇을 원해 돈을 지불하는지를 경험을 통해서 알고 있기 때문입니다. 물론 가정에 불과하지만, 차이는 실제로 분명히 클 겁니다.

사장이 되기로 마음먹으셨다면 가능한 다양한 경험을 했으면 좋겠습니다. 혹자는 장사가 잘되지 않는 곳에 가서 뭐가 문제인지도 보라고 하는데, 굳이 그러실 필요는 없습니다. 실패를 통해서 배우는 것보다는 작은 성공을 축적하면서 끊임없이 도전하는 것이 훨씬 좋습니다.

마무리

창업을 하는 것은 사장이 되는 것입니다. 직원으로 일할 때는 내 직급과 경험에 맞는 일이 주어지고 그 일을 수행한 대가로 월급을 받았는데, 이제는 스스로 돈 버는 방법을 찾아야 합니다. 언제, 어디서, 무엇을, 어떻게, 얼마에, 누구에게, 어떻게 팔지를 일일이 내가 정해야 합니다. 결정권이 있다는 것은 책임을 져야 한다는 의미이기도 합니다. 예전에는 책임을 나눠주는 사람이 있었는데, 이제는 거의 모든 것이 오롯이 나의 책임이 됩니다. 책임을 지는 사람으로서 알아야 할 것이 많아집니다.

창업을 위해서는 많은 노력과 준비를 해야 합니다. 그런데 제가 볼 때는 그 노력이 생각보다 잘 통하지 않습니다. 저 역시 많은 준비를 하고 카페를 시작했다고 생각했지만 매해 매장을 새로 낼 때마다, 새로운 직원을 고용할 때마다 새로운 실수를 했고 새로운 것을 배웠습니다.

1부에서는 제가 경험을 통해 배운 것들 중에 정말 알짜배기라고 생각하는 것을 알려드렸습니다. 단기간에 준비할 수 있는 것들은 아닙니다. 지금부터 꾸준히 센스도 키우고 자신에 관한 것들을 기록하며 경험을 확장해 가도록

합시다.

카페는 그 자체로 많은 한계를 지닌 비즈니스입니다. 이 점을 모른다면 도전하는 것 자체가 무모한 일입니다. 그러나 이러한 현실을 인식하고 새로운 관점으로 카페를 만들어가며 한계를 극복한 사례는 많이 있습니다. 저 역시 그런 사례를 만들어가는 중입니다.

중요한 것은 소비자입니다. 물론 다른 분야에서도 소비자는 중요하지만, 카페만큼 소비자가 핵심인 사업이 없습니다. 그런데 카페는 생산자와 판매자의 주도권이 강합니다. 그래서 소비자가 원하는 것을 제공하기보다는 생산자나 판매자가 좋아하는 것을 전하려는 성격이 도드라집니다. 개인 카페의 경우 더욱 그렇습니다. 이는 기본에 어긋나는 일입니다.

카페의 현실과 새로 주목해야 하는 점에 관한 이야기를 들려드렸습니다. 현실을 알고 깨닫는 것만으로도 창업에서 유리한 출발선에 설 수 있습니다. 이제 다음 이야기로 넘어가 보겠습니다.

음

2부

구조

저희의 세 번째 매장은 오피스 상권에 있습니다. 건물 로비에 있다 보니, 같은 건물에 입주해 있는 회사의 직원들과 인근 다른 곳에서 일하는 분들이 주 고객입니다. 오피스 상권에는 카페가 정말 많습니다. 건물마다 카페 한두 개는 예사롭게 있습니다. 어떤 건물에는 작은 테이크아웃 전문점 4개가 나란히 붙어 있기도 합니다. 몇 년 전 저희 매장 바로 앞에 대형 오피스 빌딩이 생겼는데, 회사들이 입주하기도 전에 1층에만 8개, 지하에는 4개의 카페가 생겼습니다. 이렇게 도심에 빌딩이 생기면 회사들이 입주하기 전에 카페가 먼저 들어옵니다. 게다가 장사가 잘 안되는 상점들이 문을 닫으면 그 자리에는 대체로 카페가 들어옵니다. 이미 카페가 이렇게나 많은데 또 카페가 생기니까, '아, 카페가 돈이 되나 보다. 나도 들어가야겠다.'라고 생각하는 걸까요? 이유는 알 수 없습니다만, 카페가 많은 곳일수록 카페가 더 많이 생기는 기이한 현상을 쉽게 볼 수 있습니다.

오피스 상권 카페의 장점이라면 계절과 상관없이 매출이 고르다는 점을 들 수 있습니다. 계절에 상관없이 사람들은 회사에 출근하기 때문에, 그 주변 카페의 매출은 어느 정도 보장됩니다. 그래서 사람들은 매우 비싼 임대료를 내면서라도 오피스 상권에 가게를 내고 싶어 합니다.

그런데 몇 해 전, 코로나 사태가 일어났습니다. 태풍, 장마, 폭설, 폭우, 폭염 등 자연재해도 막지 못했던 출근을 바이러스가 막아 버렸습니다. 재택근무나 휴직으로 사람들이 출근을 하지 않으니, 말 그대로 답이 없습니다. 많은 상점들이 문을 닫았습니다. 카페의 경우 개인 브랜드나 신생 프랜차이즈 업장 대부분이 철수했습니다. 운영 노하우와 지원 시스템을 잘 갖추고 있는 프랜차이즈 매장들은 발 빠른 대처로 피해를 최소화할 수 있었습니다. 코로나로 인해 급격하게 달라진 소비패턴에 맞게 포장, 픽업, 배달 서비스를 적극적으로 운용하고, 테이크아웃에 적합하도록 매장을 설계하는 등 발 빠른 대처를 통해서 매장의 폐업을 막았던 것입니다. 그에 비해 개인 카페는 운영에 대한 노하우도 없고 관련된 데이터나 정보도 없으니 대책을 세우기 어려웠습니다. 오랫동안 한자리에서 운영해 왔던 가게들도 문을 닫게 되었는데, 처음 창업을 해 감이 없던 매장들은 버티기 더욱 어려웠을 겁니다.

평소 누군가 위기에 대비해 철저히 준비해야 한다고 조언을 해 주었다 하더라도, 당장에 매장을 구하고 인테리어를 하고 메뉴를 짜는 등 눈앞의 일에 급급해 다른 일에는 신경을 쓰지 못합니다. 결국 대부분은 어떻게 운영하고 어떻게 관리할 것인지에 대한 구상을 하지 못한 채 가게를 엽니다. 저도 그랬습니다.

운영구조와 관리방식을 잘 마련해 놓는 것이 얼마나 중요한지는 창업을 하고 한 일 년 간은 잘 모릅니다. 그런데 시간이 지날수록 노력만으로는 극복할 수 없는 일들이 생겨납니다. 이를테면 다음과 같은 일입니다.

사장은 구조를 만드는 사람입니다

오피스 상권과 주거지역이 모두 가까운 곳에서 시작한 카페가 있습니다. 매장의 규모는 스무 평 정도 되고, 평일 출근 시간과 점심시간에는 직장인들이 찾아와서 매우 바빴고, 저녁 시간이나 주말에는 가까이 사는 주민분들이 주로 이용하였습니다. 이런 특성을 장점이라 생각한 사장님은 아침 일찍 가게 문을 열어서 늦게 문을 닫았고, 휴무 없이 주 7일 가게를 운영하였습니다. 그런데 이렇게 좋아 보이는 상권을 나만 알아보는 것은 아닙니다. 점차 주변에 다른 카페들이 생기기 시작하면서 매출이 조금씩 줄어들었습니다. 매출이 줄면 재료비는 함께 소폭 줄겠지만, 임대료와 인건비는 거의 고정이니 부담이 될 수밖에 없습니다. 사장님은

'당장에 망하지는 않겠지만, 이대로 가다 보면 어렵겠구나.'
라고 생각했습니다.

그런데 문제는 이뿐만이 아니었습니다. 사장님은 일주일 중 이틀을 쉬었는데, 평소 일을 손에서 놓지 못하는 성격이라 쉬는 날에도 매장 걱정 때문에 편히 쉬지를 못했던 겁니다. 그렇게 혼자 안절부절못하는 것으로 끝나면 좋았겠지만, 종일 매장 CCTV를 보고 뭔가 문제가 있어 보이면 매장으로 바로 전화하여 직원들에게 묻고, 따지고, 지시를 내리다 보니 사장과 직원 모두가 스트레스를 받는 상황이 일어났습니다.

처음에는 가게를 하는 이상 불가피한 일이라 생각했지만 너무 괴로운 나머지 여러 날을 고민하고 다음과 같은 결정을 내렸습니다.

우리 매장은 주 5일만 연다. 테이크아웃만 한다. 영업시간을 단축한다. 이런 조건에 맞게 직원의 수를 조정한다. 테이블과 의자는 모두 빼고, 테이크아웃에 적합하게 장비와 기물의 위치도 조정하고 메뉴 종류도 줄인다.

그야말로 대대적인 리뉴얼을 감행했습니다. 당장 주 5일 영업으로 전환하니 주말 수입이 없어졌고, 운영시간이 줄

어드니 평일 매출 또한 당연히 줄었습니다. 그러나 인건비와 재료비가 줄면서 실질적인 수익은 이전과 큰 차이가 나지 않았습니다. 그리고 주 5일만 영업을 하니 사장님에게는 온전히 쉴 수 있는 이틀이 생겼습니다. 매장 신경을 쓰지 않아도 되는 이틀 동안 챙기지 못한 건강도 챙기고 여가도 즐기면서 삶의 질이 많이 향상되었습니다. 이렇게 여력이 생기니까 가게에 대한 건설적인 고민도 하고, 개선할 수 있는 시간도 갖게 되었습니다.

만약에 기존의 방식대로 계속 운영했다면 이 카페는 어떤 결과를 맞이했을까요? 기존의 운영방식을 유지한 채로 직원의 수를 줄였다면 아마도 맛과 서비스의 질이 떨어졌을 거고, 직원들을 믿고 마음을 비우자는 각오만으로는 사장님이 온전히 휴식을 취할 수 없었을 겁니다. 상황에 맞는 구조를 잘 만든 덕에 이 카페의 문제가 무사히 해결되었다고 생각합니다.

위 이야기의 사장님은 정말 대단한 분이십니다. 이미 창업을 하고 나서 구조를 바꾼다는 것은 매우 어려운 일이기 때문입니다. 문제의 핵심을 파악하고 대책을 세우는 일도 어렵고, 실행하기 위해서 드는 비용도 부담이 됩니다. 당장에는 수익이 줄어들 수도 있기에 변화가 필요하다는 걸 알면서도 하지 못하는 경우가 많습니다.

메뉴는 새로 개발하면 되고, 필요한 인력은 나중에 채용할 수 있습니다. 그런데 사업의 목표를 정하고, 운영과 관리에 대한 기준을 만드는 일은 중간에 바꾸기가 어렵습니다. 처음부터 구조를 잘 만들지 않으면 노력이 성과로 이어지지 못하게 됩니다. 돈을 못 번다는 얘기입니다. 제가 그랬습니다.

내가 돈을 벌지 못한 이유

이미를 열고 얼마간의 시간이 지나자, 블로그 리뷰도 많아지고, 단골들도 생기기 시작했습니다. 주말에는 만석이 되는 때도 잦았습니다. 특별한 메뉴가 나오는 시즌에는 평일에도 손님이 제법 많았습니다. 그러다 보니 저희 매장에 자주 오는 손님들께서는 이런 말을 하곤 하셨습니다.

"사장님, 그래도 제가 아는 개인 카페 중에서는 이미가 제일 잘되는 거 같아요."

이런 말을 들을 때마다 '그래, 다행이다. 감사하다.'라는 생각도 들었지만, 뒤이어 '그런데 왜 나는 돈이 없지?'라는 생각이 들었습니다. 언젠가 형편이 좋아질 거라는 생각으로 하루하루 열심히 살았지만, 사정은 나아지지 않았습니다.

너무나 답답한 나머지 뭐가 문제인가 궁금해서 공부를 시작했습니다. 경영지도사를 만나서 상담도 받아보고, 외식 운영 관련 강의도 듣고 책도 읽으면서 마침내 원인을 알게 되었습니다. 매장이 만들어낼 수 있는 매출에 비해서 저희 매장의 인건비의 비중이 너무나 높았던 겁니다.

공부를 하던 중 이런 사례를 접하였습니다.

어떤 지역에 작은 피자집이 생겼습니다. 재료도 좋은 걸 쓰고 솜씨가 좋아서 금방 사람들에게 소문이 났습니다. 점점 손님이 많아지고 배달요청도 생기고 해서 가게를 확장하였습니다. 사람도 더 뽑았습니다. 그런데 시간이 지나면서 화제성이 떨어지고 주변에 다른 가게들도 생기니 수익이 감소하였습니다. 매장과 인력을 늘릴 만큼의 매출이 나오지 않는 겁니다. 어쩔 수 없이 인력은 아르바이트로 돌렸지만, 임대료는 조정이 불가능하니 점점 수익이 줄게 되었습니다. 그 상태가 지속되다 결국은 가게를 정리하게 되었습니다.

저희 매장 역시 인원을 조정하지 않으면 장기적으로는 매장의 존속이 위협받을 상황이었습니다. 4명이 운영하던 가게를 3명이 운영하도록 했고, 영업시간도 조정하였습니다. 필요한 인원 3명 중 1명의 몫은 제가 했습니다. 4명의 인건비를 2명으로 줄인 겁니다. 그렇게 하니 조금의 여유가 생겼습니다.

결과적으로는 이런 변화를 통해 예고된 어려움을 잘 견제하고 대처한 것이었지만 그 과정이 순탄하지는 않았습니다. 오랫동안 함께해 왔던 직원들과 안녕을 고했고, 아직 숙련되지 못한 직원들을 이끌고 영업을 하는 일들이 쉽지는 않았습니다. 애초에 잘못된 구조 때문에 생긴 일입니다. 뒤늦게나마 정리가 되어서 다행이었으나, 만약 문제의 원인을 알지 못하고 그저 인내와 끈기, 열정과 노력으로 상황을 돌파하려고 했다면 저 역시 생존을 장담할 수 없는 상황에 이르렀을 것입니다.

어찌 보면 간단한 문제였습니다. 버는 것보다 쓰는 게 많았던 겁니다. 어디에 얼마만큼 써야 할지만 잘 정해서 썼다면 쉽게 해결할 수 있는 문제였습니다. 나중에 이런 구조를 알고 나니, 그동안 버린 돈이 정말 많았다는 생각에 가슴이 쓰렸습니다. 부지런히 돈을 버는 것도 중요하지만 어디에 얼마만큼 쓸지, 그 기준을 명확히 세우는 것 또한 중요합니다. 오랜 시간 동안 비싼 수업료를 치르고 나서야 카페 운영을 규모 있게 하기 위한 저 나름의 기준을 세울 수 있었습니다. 그것을 정리한 것이 다음에 들려드릴 이야기입니다.

일을 지속하기 위한 구조 만들기

가끔 손님들 중 "이런 매장 하면 얼마나 벌어요? 많이 남죠?"라는 질문을 하는 분들이 계십니다. 그럴 때면 "별로 안 남습니다."라고 말씀드립니다. "장사꾼이 밑지고 장사한다."라는 말이 3대 거짓말 중에 하나라고 하는데, 비용을 적절하게 못 쓰면 정말 하나도 남는 게 없는 장사를 할 수도 있습니다.

더 세심한 서비스를 위해 직원을 많이 채용해서 인건비가 상승할 수도 있고, 제철 재료의 가격 변동 폭이 커서 수익이 들쭉날쭉할 수도 있습니다. 실제로 저희는 재료의 가격이 떨어질 거라 예상하고 메뉴를 시작했다가, 내려가질 않아서 수익이 거의 남지 않은 경우도 있습니다. 한 메뉴가 큰 인기를 끌었으나 만드는 데 시간이 오래 걸려 많은 손님을 받을 수 없어서 결과적으로는 매출에 부정적인 영향을 줄 수도 있습니다.

그렇기에 항목별로 적당한 기준점을 잡아 그 이상으로 지출하지 않도록 대책을 세우고, 필요하면 각 항목의 비중을 조정하여 운영비를 규모 있게 쓸 수 있어야 합니다.

제가 생각하는 카페운영비의 지출 기준은 다음과 같습니다. 전체 수익을 100으로 보았을 때,

임대료 10%

인건비 30%

재료비 30%

세금 10%

기타 5%

를 상한선으로 잡고 지출을 관리하면 15%의 수익이 생깁니다. 여기서 비용을 줄일 수 있다면 수익은 늘어나게 됩니다. 아주 간단합니다. 항목별로 이야기를 좀 더 해보겠습니다.

임대료 10%

오로지 직영으로만 운영하는 모 커피 브랜드는 임대료 대신 매출의 15~18%를 수수료로 낸다고 알려져 있습니다.

영업일 30일 기준으로 하면, 5일 치 가량의 매출을 임대료로 내는 셈입니다. 특정 브랜드의 사례가 절대적인 기준이 될 수는 없겠지만, 참고할 만합니다. 매출이 좋은 브랜드이기 때문입니다.

개인 카페의 경우엔 휴무가 없는 매장을 기준으로 3일 치의 매출로 임대료를 낼 수 있으면 매우 좋습니다. 4일 정도 매출로 임대료를 낼 수 있어도 괜찮고, 5일 치 매출로 임대료를 내는 상황은 마지노선이라고 보는 것이 좋습니다.

이미 창업을 해서 운영 중인 경우, 만약 현재의 임대료가 월매출의 20% 혹은 그 이상이라면 다른 비용을 어떻게 줄일지 빠르게 고민해야 합니다. 임대료는 고정비라서 내 뜻대로 조정할 수 없습니다. 사람을 줄이고 사장이 일을 더 많이 하거나 로스율이 높아서 손실이 많은 메뉴를 빼야 할 것입니다. 동시에 지금 제품의 가격이 적당한가를 검토하여 가격을 인상할 수도 있고, 매출의 증가를 가져올 만한 신메뉴를 개발할 수도 있겠습니다.

아직 창업을 하지 않았는데 가게 계약을 했다면 목표매출을 임대료의 열 배로 잡고 계획을 세워야 합니다. 예를 들어 월세 100만 원짜리 매장을 계약했다면, 한 달의 목표 매출을 1,000만 원으로 잡아야 합니다.

인건비 30%

인건비는 카페 수익에 가장 큰 영향을 줍니다. 제가 30%를 잡아 놓은 것은 사장이 바에서 일하지 않고 관리만 했을 때를 말합니다. 창업 규모가 크지 않다면, 개인적으로 사장이 직접 운영하는 작은 매장을 추천해 드립니다. 그렇게 하면 우리 매장 수익은 매출 대비 40% 이상이 되는 겁니다.

그런데 혼자 일하는 것은 정말 힘듭니다. 규모가 작아도 마찬가지입니다. 인건비 30%를 지출하여 사람을 쓸 만큼 쓰면서 수익이 40%가 나려면, 최소 대기 1시간은 넘게 하고 테이크아웃 음료를 받아가는 데도 30분 넘게 기다려야 하는 매장에 온종일 대기 손님이 가득하면 가능할 수도 있습니다. 그런데 이런 매장은 많지 않습니다.

또 한 가지 유념해야 할 점은, 인건비는 월급만을 의미하는 것이 아니라는 겁니다. 인건비란 월급 외에도 식대, 4대보험, 퇴직금 등을 포함합니다. 목표매출의 30%로 3명의 직원을 쓸 수도, 2명을 쓸 수도 있을 것입니다. 선택하는 것은 사장의 몫입니다. 다만 대형카페가 아니라면 30% 이하를 지켜야 합니다.

재료비 30%

아메리카노, 라떼 등 커피음료의 재료비는 30% 이하입니다. 대부분의 음료 메뉴들은 30%로 만들 수 있습니다. 하지만 재료비가 저렴하다고 해서 수익이 높은 것은 아닙니다. 테이크아웃이 중심인 카페가 아니라면 많이 파는 것이 쉽지 않습니다. 게다가 흔하디흔한 것이 커피라 커피만으로는 많은 손님을 끌기가 어렵습니다. 그래서 커피나 다른 음료에서 그치지 않고 케이크, 쿠키, 빙수, 샌드위치부터 맥주, 칵테일, 파스타, 피자, 호떡에 이르기까지 다양한 메뉴가 추가됩니다. 당연히, 커피만 만들 때보다 재료비가 많이 듭니다. 거기에 좋은 재료까지 선별해서 쓰게 되면 비용은 더 늘어납니다. 이러한 점을 고려해 재료비로 30%를 잡았습니다.

메뉴에 욕심을 부려서 좋은 재료를 찾다 보면 30%가 넘어갈 수 있습니다. 이럴 때 수익을 내기 위해서는 사장이 자신의 몸을 바쳐야 합니다. 새벽시장을 뛰어다니며 좋은 제품을 싸게 사기 위해 발품을 열심히 팔거나, 매장영업이 끝나고 손수 밑작업을 하여 인건비를 줄이는 식입니다. 그런데 가급적 이렇게 하지 않는 것이 좋습니다.

세금 10%

세금의 공포는 창업 후에 뼈저리게 느낄 수 있습니다. 간단하게 이야기해 보자면, 부가세는 매출의 10%입니다. 그런데 세금은 부가세만 있는 것이 아닙니다. 종합소득세, 원천세(사업소득세와 근로소득세)도 있습니다. 그래서 넉넉히 10%라고 잡아 두는 것이 좋습니다. 부가세를 2년 정도 확인해 보아야 본인의 수익에 대한 판단이 가능합니다. '이게 돈을 벌려고 장사를 하는 건지, 세금을 내려고 장사를 하는 건지'하는 생각에 회의감이 들 때도 있습니다. 그래도 법률상 의무는 져야 합니다. 가능하다면 매월 매출에서 세금을 미리 떼서 비축해 두는 것이 좋습니다.

기타 5%

전기세, 수도세, 가스비, 세무기장료, 보안회사 비용, 대출이자, 화재보험, 포스비, 카드 수수료, 기계 수리비용 등 다양한 곳에 비용이 듭니다. 5%라고 하더라도 상당한 비용입니다.

이렇게 총 매출의 85% 정도를 비용으로 처리하고 나면 남는 수익은 결국 약 15% 정도가 된다고 예상해 볼 수 있습니다.

세미나나 상담에서 카페의 수익은 총매출의 15% 정도라고 말씀드리면 커피 관련 업종에 종사해 온 분들은 담담히 고개를 끄덕거리십니다. 어느 정도 현실에 대해서 알고 계시기 때문입니다. 그런데 이 업에 대한 경험이 없는 분들은 놀랍다는 반응을 보이십니다. 카페로 돈 벌기 어렵다는 것이 엄살이 아님을 알게 되신 겁니다.

물론 매장의 형태와 규모에 따라서 지출 기준이 조금씩 달라질 수 있습니다. 작은 매장 혹은 혼자 하는 매장을 운영하시는 분들에게 인건비 30%는 생소한 이야기입니다. 반면 대형카페의 경우, 인건비 30%면 선방하는 겁니다. 커피 위주로 1,000만 원을 버는 매장과 과일주스를 중심으로 1,000만 원을 버는 매장은 재료 원가가 다르다 보니 그에 따른 수익 또한 다를 것입니다. 똑같이 쿠키를 1,000개 파는 곳이어도 매장에서 직접 만드는 경우와 다른 곳에서 납품을 받는 곳의 수익은 다를 것입니다.

제가 제시한 퍼센티지는 이상적인 기준이긴 하지만, 절대적인 것은 아닙니다. 각자의 여건에 따라 조절할 수 있습니다. 현재 카페를 운영하고 있다면 위 퍼센티지에 비용을 대입해 지금 자신의 매장 현황을 파악해 볼 수 있을 것이고, 창업을 준비하고 있다면 위 기준을 따라서 계획을 세우는 것이 큰 도움이 될 겁니다.

제가 몇 년 전에 이 내용을 정리하여 SNS에 공유한 적이 있는데 생각지도 못한 뜨거운 반응과 관심을 받았습니다. 업계의 사정을 모르는 예비 창업자들은 구체적인 수치로 정보를 제공해 주어서 도움이 되었다고 했고, 이미 카페를 운영 중인 사장님들은 구체적인 항목들과 관련하여 어떻게 개선하면 좋을지에 대해 문의하거나 상담을 요청하기도 했습니다. 특히 카페를 운영하면서 컨설팅과 교육을 하고 계신 업계 동료분들의 공감과 칭찬이 반가웠습니다. 너무 정리가 잘 되어 있어서 창업 상담 자료로 사용하고 싶다는 분도 계셨고, 비슷한 맥락으로 카페 창업을 말릴 때 이 내용을 보여주고 싶다는 분도 계셨습니다. 한 분은 이런 말씀을 하셨습니다.

"너무 잘 쓰셨어요. 잘 봤습니다. 그런데, 이런 걸 왜 공유하셨어요? 대표님께서 쓰신 글의 내용만 잘 지켜도 웬만해선 망하지 않잖아요. 이걸 모르는 사람은 망하는 거고요. 사람들이 카페를 너무 쉽게 생각해요. 저는 망할 사람은 빨리 망하는 게 낫다고 생각합니다. 그리고 차라리 빨리 다른 길을 찾는 게 좋은 것 같아요."

이러한 반응이 의미하는 바가 무엇일까요? 현재 자신의 사업을 계속 이어가고, 발전시키고, 성장시키는 사장님들은 구체적인 근거를 가지고, 본인만의 기준을 지켜가면서 비용을 관리하고 있다는 것입니다. 그냥 무턱대고 열심히 하는 것이 아니라, 써야 할 곳에 써도 될 만큼 비용을 씀으로써 수익을 발생시키고 있다는 것입니다. 콘셉트가 멋있고 커피가 맛있어서 장사가 잘된다 해도, 그것을 수익으로 전환하여 사업을 지속하기 위해서는 합리적이고 기준이 명확한 비용구조를 만들어야 합니다. 구조를 잘 설계하는 것이 창업의 중심이 되어야 합니다.

 카페를 하려면 점포가 필요하고, 직원을 채용해야 하고, 재료를 구입해야 합니다. 돈을 벌기 위해 많은 돈을 들여야 합니다. 그래서 수익을 내기 위해서는 비용을 잘 써야 합니다. 비용구조를 잘 이해하고 잘 만들어야 한다는 뜻입니다. 앞서 언급한 어느 대표님의 말씀처럼, 위에 제시된 내용만 확실하게 지키면 여러분의 매장은 망하지 않을 것입니다.
 뒤에서는 비용구조를 세우는 데 있어 중요한 내용들을 다루려고 합니다. 함께 살펴보면서 자신에게 맞는 구체적인 답을 작성해 보고, 수정하고, 검토하는 시간을 갖기를 권합니다. 준비하는 단계일수록 더욱 꼼꼼해야 합니다. 고민의 깊이가 깊을수록 여러분의 일을 지킬 울타리를 더욱 견고하게 두를 수 있을 것입니다.

목표매출을 정해야 합니다

창업을 준비하면서 반드시 해야 할 것은 목표매출을 정하는 것입니다. 목표매출에 따라서 구조의 모든 것이 결정된다고 해도 과언이 아닙니다. 목표매출에 따라 가게의 위치, 규모, 테이블 수, 메뉴의 가격, 직원의 수, 운영시간이 달라집니다. 목표매출을 정하기 위해선 이걸 먼저 생각해 봐야 합니다.

'나는 한 달에 얼마를 벌어야 하는가?'
'나는 한 달에 얼마를 벌고 싶은가?'

너무나 당연한 이야기입니다. 그런데 이런 질문을 예비창업자들에게 하면 보통은 "많이 벌면 좋지요."와 같은 애매하고 뻔한 답을 합니다. 개인적인 바람과 사정이 있으니, 저에게 구체적으로 얼마라고 답을 하지 않을 수는 있습니다. 그런데 이야기를 나누다 보면, 실제로 구체적인 목표 없이 가게를 여시는 분들이 매우 많습니다. 취업할 때는 급여를 우선으로 회사를 고르면서 정작 창업을 할 때는 구체적인 목표가 없는 경우가 많습니다.

사실 장사를 해보지 않아서 얼마나 벌 수 있을지 감이 안

와서 그런지 모르겠습니다. 하지만 막연하게 '열심히 하다 보면 월급만큼 못 벌겠나?' 싶은 생각으로 뛰어들어서는 안 됩니다. 생계를 유지하고 이 업을 지속하는 데 필요한 돈에 대한 구체적인 목표가 있어야 합니다. 이게 명확하지 않으면 하고 싶지 않은 일로 돌아가게 됩니다.

'직장에서의 급여는 한 달에 250만 원이었는데 생활비가 넉넉하지 못했어. 그러니 내 가게를 열면 최소 한 달에 300만 원은 벌어야 안정적이겠다.' 이런 식으로 구체적인 목표를 정해 봅시다.

한 달에 300만 원을 벌어야 한다는 점을 앞서 제시한 비용구조에 대입해 보면 이렇습니다. 월 매출의 15%가 수익이므로

$$X * 0.15 = 3,000,000원$$
$$X = 20,000,000원$$

한 달 매출 X가 2,000만 원이 되어야 15%의 수익인 300만 원을 벌 수 있습니다. 그러니 목표매출은 2,000만 원이 되는 겁니다. 비용은 어떨까요?

X * 0.1 = 2,000,000원

X * 0.3 = 6,000,000원

합리적인 임대료는 10%에 해당하는 200만 원이 되고,
인건비는 30%인 600만 원까지 쓸 수 있습니다. 그런데 만
약 내가 사람을 쓰지 않고 혼자 일을 하면 15%가 아닌
45%가 수익이 되므로

X * 0.45 = 3,000,000원

X = 약 6,667,000원

혼자 일하면서 한 달에 300만 원의 수익을 가져가기 위
한 목표매출은 넉넉히 잡아 700만 원이 되는 것입니다.

합리적인 임대료의 매장 구하기

매장을 구하는 일은 정말 힘듭니다. 자리가 좋은 곳은 임
대료가 비싸고, 임대료가 싼 곳은 너무 좁거나 외진 곳에
있습니다. 그래서 창업을 준비하는 분들은 내가 보고 온 자
리의 임대료가 괜찮은지에 대해 고민하곤 합니다. 합리적

인 임대료인지 어떻게 가늠할 수 있을까요?

임대료는 목표매출의 10%라고 했습니다. 앞에서 설정한 상황에 맞춰 본다면 목표매출이 550만 원이기 때문에 55만 원짜리 매장을 구해야 합니다. 그런데 55만 원짜리 매장은 너무 구석에 있습니다.

딱 맘에 드는 공간이 나왔는데 월세가 200만 원입니다. 만약 월세가 200만 원이면 목표매출은 2,000만 원이 되는 겁니다. 그러면 월 6일의 휴무를 갖는 매장 기준 25일간 매일 80만 원을 팔아야 합니다. 하루에 80만 원을 팔려면 5,000원짜리 커피가 하루에 160잔이 나가야 합니다.

조금 더 구체적으로 생각해 봅시다. 어떤 음료를 만들어서 나가는 데 5분이 걸린다고 할 때 1시간 동안 쉼 없이 12잔을 만들어야 하고, 이 작업을 10시간 이상 계속해야 합니다. 그런데 테이블이 꽉 차면 계속 음료를 만들 일이 없습니다. 목표매출 2,000만 원이 쉬운 것이 아닙니다.

그러나 상황이 달라지면 가능합니다. 하루에 160잔의 커피를 꾸준하게 팔 수 있는 곳이 어디일까요? 오피스 상권, 터미널, 기차역과 같은 곳이 있습니다. 상주하는 인원이 많은 건물인데 그 안에 경쟁 상대가 없다면 목표매출을 달성할 가능성은 커질 것입니다. 동네에 20평에 월세 200만 원은 비싼 임대료가 될 수 있지만, 오피스 상권의 8평짜리 월세 200만 원은 합리적인 임대가 될 수 있습니다. 물론 하루에 160잔을 혼자 만들어 판매하기는 어려울 것입니다. 고려해야 할 사항이 더 있다는 겁니다.

결국, 합리적인 임대료에 관한 절대적인 기준은 없습니다. 중요한 것은 내가 생산할 수 있는 부가가치입니다. 그래서 매장을 구하기 전에 내가 팔려는 제품, 서비스, 판매방식 등에 대한 면밀한 검토가 필요합니다.

장사가 잘되는 자리는 어디인가

저희의 네 번째 매장은 로스팅룸과 작은 커피 바를 겸하는 곳입니다. 일주일에 4일만 운영하고, 자리도 네 자리밖에 없어서 웨이팅이 생기면 보통 1시간씩 대기해야 합니다. 커다란 테이블에 모두가 함께 앉는 구조라 손님들과 많은 이야기를 나눕니다. 이런저런 얘기를 하는 중에 이 질문을 정말 자주 들었습니다.

"왜 하필이면 남구로에 매장을 내셨죠?"

아시는 분은 아시겠지만, 남구로는 영화 〈범죄도시〉의 모티브가 된 사건이 일어난 지역입니다. 구체적인 내용은 언급하지 않겠습니다만, 이미지가 좋은 지역은 아닙니다. 그렇다 보니 손님들 중에는 매장에 오기 전까지 많이 고민을 했다는 분들이 제법 계십니다. 저희 매장은 이 동네 분들에게나 손님들에게 '이런 곳에 카페가 있다고?' 싶은 곳에 있습니다. 제가 특별히 이 지역을 사랑하거나, 어떠한 목표가 있어서 이 장소를 택한 것이 아닙니다. 저의 자금 사정을 고려했을 때 제가 하려는 것을 할 수 있는 곳이 바로 이곳이었습니다. 동네가 여기라서 장사가 안될 거라는 생각은 전혀 하지 않았습니다. 콘텐츠만 있으면 매장이 어디에 있든 손님들이 찾아와 주실 거라는 확신이 있었습니다.

임대료의 10배를 벌어들일 만큼 낮은 임대료의 1층 점포를 얻기란 매우 어렵습니다. 아주 외진 곳으로 가거나 2층 이상으로 들어가야 합니다. 그래도 안 된다면 내 수익을 줄이더라도 합리적인 임대료의 범위를 넓혀야 할 것입니다.

"장사는 목이 전부다."라는 말이 있습니다. 그런데 소위 목이 좋은 곳은 임대료가 매우 비쌉니다. 지역의 중심상권, 도심의 대로변은 정말이지 어마어마하게 비쌉니다. 유동인구가 많으니 장사가 잘될 거라는 전제가 깔려 있습니다.

어느 정도 맞는 말입니다. 그런데 높은 임대료를 감당할 만한 수익이 발생하려면 매장 규모가 커야 합니다. 매장이 크면 사람도 많이 써야 합니다. 또 좋은 상권이니 업종 간의 경쟁도 치열할 겁니다. 이러한 이유로 중심상권의 점포 중에는 프랜차이즈 직영매장들이 많은데, 그마저도 못 견디고 사라지는 경우도 많습니다. 그러니 목이 좋고 유동 인구가 많다고 해서 더 많이 벌 수 있을 거란 막연한 기대로 임대를 해서는 안 됩니다.

저는 높은 임대료라는 위험을 감수하고 유동 인구가 많은 곳을 택하기보다는 차라리 자신이 감당할 수 있는 합리적인 임대료의 점포를 구하라고 권합니다. 최근 몇 년간 화제가 되었던 매장들을 보면 좋은 상권과는 무관한 곳에 있는 경우가 많습니다. 산 중턱에도 있고, 엘리베이터가 없는 오래된 빌딩 5층에도 있고, 논 한가운데에도 있습니다. 굳이 카페 하나 때문에 거기에 가나 싶은 곳에 있더라도, 사람들은 카페 때문에 그 외진 곳을 찾아갑니다.

중요한 것은 콘텐츠입니다. 볼거리, 먹을거리, 즐길거리가 갖춰지면 그것이 어디에 있든 사람들은 찾아옵니다.

혼자 정 안 되면 이 방법을

자영업의 어려움을 얘기할 때 늘 나오는 주제가 임대료입니다. 젠트리피케이션 이슈부터 건물주의 횡포까지, 임대료 때문에 장사하기 어렵다는 이야기를 합니다.

그런데 가게를 하다 보니 임대료 이상으로 어려운 것이 인건비입니다. 일단 인건비는 매년 오릅니다. 처음에는 한 명을 썼어도 부족하면 추가로 고용해야 합니다. 10평 매장을 쓰다가 공간이 부족해 20평으로 확장하면 임대료는 많이 들지만 그만큼 더 많은 손님을 받아서 수익을 올릴 수 있습니다. 하지만 일손은 늘리면 일이 수월해질 뿐, 수익이 증가하지는 않습니다. 가게를 하는 입장에서 인건비는 꽤 어려운 문제입니다.

일단 창업자금이 넉넉하지 않다면 저는 혼자 하는 매장을 추천합니다. 규모가 크지 않아도 되니 임대료 부담도 적고, 인건비도 아낄 수 있습니다. 비단 비용 문제뿐만 아니라, 다른 사람과 같이 일을 한다는 것 자체가 쉽지 않습니다.

그런데 일을 하다 보면 피로가 쌓이게 되고 에너지가 고갈됩니다. 보충하지 않고서는 일을 지속할 수가 없습니다. 에너지는 단순히 노동을 위해서만 필요한 것이 아니라 고민을 위해서도 필요합니다. 새로운 메뉴도 만들고 싶고, 인테리어도 바꾸고 싶고, 어떤 이벤트를 할까 여러 가지 생각할 것이 많은데 매장에 있는 동안은 고민하기 어렵습니다. 퇴근 후에 해야지 싶지만 피곤에 지쳐 잠들거나 잠이 안 와도 뇌가 움직여 주질 않습니다. 에너지가 없기 때문입니다. 사장은 이럴 때 채용을 하고 싶어집니다. 하지만 사람이 는다고 그만큼 부가가치가 발생하는 것도 아니고, 매출이 준다고 고용한 사람을 바로 해고할 수도 없으니 간단히 결정할 수가 없습니다.

인건비 절감을 위해 고민하는 분들께 제가 강력히 추천하는 해결책이 있습니다. 바로 식기세척기입니다. 카페에서는 만드는 데 걸리는 시간보다 치우는 데 걸리는 시간이 훨씬 많습니다. 식기세척기는 치우는 데 드는 시간과 에너지를 획기적으로 줄여줍니다.

물론 사람을 고용하는 것과는 다릅니다. 식기세척기는 주문을 받지 못합니다. 커피도 내리지 못하고, 서빙도 할 수 없습니다. 테이블 정리는커녕 손님을 응대하지도 못합니다. 그러나 식기세척기가 덜어주는 노동강도를 생각해 보면 1인분, 또는 그 이상의 역할임이 분명합니다. 노동강도가 줄면 좀 더 친절하고 세심한 서비스를 제공할 수 있습니다. 음료와 디저트의 퀄리티에 더 신경을 쏠 수도 있습니다. 사장은 사장으로서의 일에 집중할 수 있는 여력을 만들어낼 수 있습니다. 그래서 저는 신규 업장에 반드시 식기세척기를 넣으라고 합니다. 예산이 부족하다면 커피머신을 좀 더 싼 것으로 사시라고 권합니다.

어떻게 작업 동선을 짜고 어떤 장비를 적절하게 활용하느냐에 따라 업무 효율이 매우 달라집니다. 이는 상황에 맞게 적절히 채용 규모를 정하는 데에도 도움이 되리라 생각합니다.

제품의 가격을 정하는 기본 원칙

"커피 원가가 500원이라면서요? 이야, 그럼 4,000원짜리 팔면 3,500원이나 남네요."

제품의 가격에는 재료비만 포함된 것이 아니기에, 제품의 값에서 인건비, 임대료, 세금을 떼고 다른 비용을 지출하고 나면 남는 것은 얼마 되지 않습니다. 하지만 이런 저희의 사정을 들어주는 소비자는 많지 않습니다. 그럼에도 소비자들이 제품의 값에 크게 반발하지 않는 이유는 시장가격이라는 기준이 있기 때문입니다. 소비자들이 경험한 가격에서 크게 벗어나지 않는다면, 주변의 다른 카페에 비해서 터무니없이 비싸지 않다면, 그리고 그에 맞는 맛을 선보인다면 가격은 크게 문제 될 것은 없습니다.

저희의 첫 번째 매장과 세 번째 매장은 저희가 직접 로스팅한 같은 품질의 커피를 쓰는데, 가격 차이가 크게 납니다. 그런데 비싸게 파는 매장에선 비싸다는 얘기를 안 하고, 싸게 파는 매장에선 가끔 비싸다는 말을 들을 때가 있습니다. 주요 고객층이 다르고 카페가 주는 경험이 서로 다르기 때문에 생기는 상황입니다.

첫 번째 매장은 감정적인 혜택에 집중하는 매장이고, 세 번째 매장은 기능적인 혜택에 집중하는 오피스 상권의 테이크아웃 매장입니다. 원가, 임대료, 인건비 등 가격에 반영되는 요소가 비슷해도 테이크아웃 매장에서는 비싸게 팔 수 없습니다.

이렇듯 가격이 정해지는 데는 여러 요소가 관여하기 때문에 '최소 재료 원가의 3배'를 지켜야 합니다. 그래야 임대료, 인건비, 재료비, 세금을 감당하고 15%를 남길 수 있습니다.

재료 원가의 3배라고 했으니, 재료비를 잘 파악해야 합니다. 저희는 이렇게 합니다.

사용하는 모든 재료를 1g당 단가로 계산을 해 놓습니다. 원두, 설탕, 밀가루, 우유, 치즈 등 모든 재료의 값을 정리해 둡니다. 엑셀을 다룰 줄 안다면 항목별로 간단한 수식을 설정해 두면 더욱 간단합니다. 그리고 해당 메뉴를 판매할 때 사용하는 일회용 용기나 제품들의 비용도 해당 가격에 포함합니다. 그렇게 해야 한 가지 메뉴에 드는 재료비를 온전히 계산할 수 있습니다.

그렇다고 재료비의 딱 3배만 더 받겠다는 생각으로 장사를 하시면 안 됩니다. 이건 사장님이 손해를 보지 않는 최소한의 가격입니다.

합리적인 가격에 팔지 마세요

예전에 저는 좋은 제품을 합리적인 가격에 공급하며 소비자와 이익을 공유하는 것이 좋다고 생각했습니다. 그런데 지금은 '비싸게 팔 수 있으면 비싸게 팔아야 한다.'라고 생각이 바뀌었습니다. 물론 그저 그런 제품을 비싸게 팔라는 의미는 아닙니다.

앞서 원재료비의 최소 3배로 가격을 책정해야 수익이 나는 판매가격이 된다고 말씀드렸습니다. 그래야만 임대료도 내고, 직원 월급도 주고, 재료를 사고, 세금을 내는 등 여러 비용을 지불하면서도 최소한의 돈을 벌 수 있습니다. 그런데 최소한의 벌이로 간신히 업을 유지하다 보면 너무나 힘이 듭니다. 손님이 많든 적든 일은 많고 일상은 반복되어 권태롭기도 하고, 경쟁은 치열해지니 생존이 위태로워질 수도 있습니다.

그러니 우리는 어떻게 하면 더 비싸게 혹은 많이 팔지를 고민해야 합니다. 하지만 더 많은 양을 팔기란 카페가 점점 더 많아지는 현실에서는 쉽지가 않습니다. 그렇다면 남은 방법은 제품을 더 비싸게 파는 것인데, 이건 바가지를 씌우라는 말이 아닙니다. 소비자에게 어떤 가치를 줄지 고안해야 한다는 말입니다. 다른 말로 하면 '가심비'를 생각해 보아야 한다는 겁니다.

가심비란 가격에 상관없이 느껴지는 심리적인 만족감을 이르는 단어입니다. 잘 디자인된 각종 생활용품, 삶의 지향을 드러내는 라이프 스타일 제품, 공공선을 실천하는 기업의 제품들, 희소성을 가진 명품 브랜드 제품을 떠올려 봅시다. 가심비가 채워지는 제품과 서비스를 만나게 되면 사람들은 원가도 따지지 않고 최저가 검색도 잘 하지 않게 됩니다. 즉, 비싸게 팔 수 있고 상대적으로 더 많은 수익을 발생시킬 수 있는 가능성이 커지는 것입니다.

1부에서 '감정적인 혜택', '비일상', '설렘'을 강조했던 이유가 여기에 있습니다. 소비자로 하여금 '이걸 사길 잘했어.', '여기 오길 정말 잘했어.'라고 생각하게 하려면 무엇을 해야 할까요? 소비자 중 그 누구도 자신의 돈을 헛되게 쓰고 싶어 하지 않습니다. 오히려 가치 있게 쓸 곳을 찾곤 합니다. 정성스럽게 제품을 만들어서 그것을 가치 있게 전달하는 방법에 대한 고민을 많이 하면 좋겠습니다.

일을 잘할 수 있는 구조 만들기

저희는 2021년 하반기부터 한 달에 한 번, 매장영업을 쉬고 직원 워크숍을 하고 있습니다. 이전에도 직원들을 대상으로 로스팅, 핸드드립, 메뉴개발, 운영 실무 등에 관한 교육은 진행해 왔습니다만, 체계적인 프로그램을 구성하고 이를 운영하게 된 건 최근의 일입니다. 워크숍에서는 미리 선별한 책이나 강연 동영상을 읽고 와서 이야기를 나누기도 하고, 현장에서 일어나는 이슈를 다루면서 어떻게 하면 더 좋은 브랜드를 만들어갈 것인지에 대한 고민을 합니다. 말하자면 '일을 잘하는 방법'을 찾는 시간이라고 할 수 있습니다.

어느 날, 저희 직원 중 한 명이 고민을 털어놓았습니다.

"지금 제가 일을 잘하고 있는지 스스로 의문이 들 때가 있습니다."

저희 매장은 제법 바쁜 매장입니다. 체력 소모가 많은 곳입니다. 손님에 대한 응대를 중요시하는 매장이라서 정신적인 에너지도 많이 드는 편입니다. 그런 매장에서 주어진 역할을 성실하게 잘 해내는 것만으로도 충분히 일을 잘하는 것입니다. 그러나 매일 같은 일을 반복하다 보면 매너리즘에 빠지게 되고, 처음에 느꼈던 즐거움은 잃게 됩니다. '나는 성장하고 있는가?', '단순히 이렇게 소모되고 마는 건가?' 등 많은 의문이 생기곤 합니다.

저는 이렇게 대답했습니다.

"직원이 일을 잘한다는 건 사장의 마음에 들게 일한다는 겁니다."

사장의 눈치를 보라는 말입니다. 사장이 좋아하는 일을 하고 싫어하는 일을 하지 말아야 한다는 뜻입니다. 사장과 사적으로 친해져야 한다거나 사장의 기분을 맞춰 주라는 것이 아닙니다. 사장이 이 사업을 하는 이유와 이것을 통해서 손님들에게 전달하고 싶은 가치가 무엇인지를 잘 알아야 한다는 의미입니다. 그에 맞춰서 내가 집중해야 할 과제를 찾고, 수행해야 한다는 겁니다.

예를 들어 사장의 목표가 '언제나 밝은 웃음으로 손님을 맞이하는 카페를 만드는 것'이라면, 커피를 잘 내리는 직원보다는 응대를 잘하는 직원을 더 선호할 겁니다. 커피를 잘 내리는 것은 카페 직원으로서 중요한 일이지만, 이 가게에선 응대가 우선입니다. 그러니 일을 잘하기 원하는 직원은 응대에 대한 고민을 더 해야 할 것입니다.

직원들이 일을 잘하기를 바란다면 사장은 틈틈이, 그리고 분명하게 자신의 생각과 마음을 직원들에게 전달해 주어야 합니다. 저희는 그것을 전달하기 위해서 워크숍을 합니다. 저희의 워크숍에서는 경영, 브랜딩, 마케팅, 서비스, 소비자 심리, 트렌드 등 사장인 제가 원하는 이야기를 많이 합니다. 제가 생각하는 우리 회사의 가치와 철학에 관해 이야기하고 이것을 어떻게 실현할 것인지에 대한 계획과 이뤄가는 과정에 관해 공유함으로써 직원들이 집중해야 할 과제를 제시합니다.

제가 저희 직원들에게 가장 많이 하는 말은 이겁니다.

"커피 맛있다고 장사가 잘되는 게 아니다."

짧게는 5, 6년, 길게는 거의 10년 가까이 커피만 열심히 해 온 친구들에게 커피를 파는 매장의 사장이 이런 말을 하다니. 처음에는 무척 당황스러웠을 겁니다. 게다가 저희 커피는 맛있습니다. 비싸고 좋은 원두를 쓰고, 10년 동안 매장을 운영해 왔으니 얼마나 잘하는지는 말할 필요도 없습니다. 그런데 "커피가 중요한 게 아니다.", "커피 잘해봤자 소용없다."라는 이해하기 어려운 말을 하니 얼마나 고민이 많았을까요? 하지만 이제는 제 말의 의미를 직원들 모두 잘 알고 공감하고 있습니다. 그리고 왜 그런 말을 하는지, 그렇다면 우리는 무엇을 해야 할지에 대해서 함께 고민하고 있습니다.

저는 제 의지와 가치가 명확하게 실현되는 카페를 하고 싶습니다. 제가 워크숍을 진행하는 이유입니다. 작은 가게가 하루 매출을 포기하는 것은 큰일입니다. 그러나 목표가 명확하지 않으면 노력이 성과로 이어지지 않는다는 사실을 뼈저리게 느껴 왔기에, 손님들에게도 죄송하고, 하루 매출도 아쉽지만, 워크숍을 하고 있습니다.

워크숍은 일을 잘할 수 있는 구조를 설계하고 점검하는 시간입니다. 비용구조를 잘 설계하여 수익을 만들어내듯이, 집중해야 할 과제, 우선으로 해야 할 일들, 의도한 결과를 만들 수 있는 법을 고안하면 일을 더 잘할 수 있습니다.

프레임워크 설정하기

'프레임워크'라는 말이 있습니다. '어떤 일에 관한 판단이나 결정을 위한 틀'을 의미합니다. 원래 IT 쪽에서 주로 쓰이는 용어지만 이 개념은 일을 잘하기 위한 구조를 만드는 데 큰 도움이 됩니다. 프레임워크를 다르게 풀어보자면,

결정의 기준이 되는 핵심가치로 정의할 수 있습니다.

저희의 첫 번째 매장과 세 번째 매장은 완전히 다른 핵심 가치를 가지고 있습니다.

첫 번째 매장은 디저트와 커피의 조화로움에 집중하여 메뉴와 공간을 충분히 즐기는 곳입니다. 커피는 핸드드립으로 한 잔 한 잔 내려서 메뉴가 준비되는 데 시간이 다소 걸립니다. 디저트와 커피에 대한 설명도 상세하고 긴 편입니다. 그리고 시간이 날 때면 테이블을 돌면서 손님들의 반응을 묻기도 합니다. 이곳의 핵심가치는 공간에서의 경험입니다.

세 번째 매장은 오피스 상권의 매장입니다. 주변의 직장인들이 출근길과 점심시간, 짧은 시간을 쪼개서 이용하는 곳이라서, 테이블과 좌석을 이용하는 비중은 매우 적습니다. 여유롭게 커피를 즐기는 경우는 드뭅니다. 이곳의 핵심가치는 속도입니다. 품질 자체도 중요하지만, 어느 정도의 일관성이 지켜진다는 것을 전제로 빨리 음료가 나오는 것이 매우 중요합니다.

같은 원두를 쓰는 매장이지만 고객이 다르고, 그에 맞게 핵심가치가 달라지고, 콘셉트 또한 달라진 것입니다.

하루는 워크숍에서 1호점 직원들이 이런 이야기를 꺼낸

적이 있습니다.

"손님들이 많아지고 대기가 많아지니 대책도 없이 마음이 급해지곤 합니다. 오랫동안 기다리셨으니 빨리 커피를 드려야 한다는 생각에 조급해져서 손님들에 대한 응대가 소홀해지는 것 같기도 하고요. 앞으로 이런 바쁜 상황이 지속될 것 같은데, 손님들에게 좋은 기억을 선사해 드릴 수 있을지 걱정입니다."

다양한 해결책이 제시되었습니다. 매장 이용시간을 제한해서 너무 오래 기다리는 일이 없도록 하자. 테이블을 더 늘려서 대기를 줄여보자. 드립 커피는 시간이 오래 걸리니까 에스프레소 메뉴로 바꾸자. 6인이 앉을 수 있는 큰 테이블을 공유 테이블로 이용하자. 대기에 대한 불만을 조금이라도 해소하기 위해 대기 중인 손님들에게 나가서 양해의 말씀을 전하자….

각각의 의견들은 모두 합리적이고 실행 가능한 것들입니다. 고객들의 불편을 해결해 드려야겠다는 의지도 담겨 있습니다. 하지만 모든 방법을 다 쓸 수는 없습니다. 예를 들어 테이블 수가 늘면 몇 사람은 더 들어갈 수 있지만, 사람이 많아짐으로써 안락함이 사라지면 공간의 매력이 떨어질 수도 있습니다.

저희는 이런 결론을 내렸습니다.

"물론 요즘 같은 날씨에 오랜 시간을 대기하는 것은 매우 힘든 일일 겁니다. 죄송한 마음이 들죠. 그렇기에 대기를 견디면서 입장한 만큼 최상의 컨디션으로 메뉴와 서비스를 제공하는 게 필요한 것 같습니다. 오히려 급할 때일수록 지금의 템포가 너무 빠르지는 않은지 살펴야 한다고 생각합니다. 기껏 기다려서 들어왔는데 성의 없게 느껴진다면 더 기분이 상할 것 같습니다. 대기 중인 손님들에게 양해를 구하는 일은, 힘들겠지만 해 주시면 좋겠습니다. 어쩔 수 없는 상황이지만 기다리는 분들께 송구한 마음을 갖고 있다는 것을 전달해 드리면 좋을 것 같고, 매장이 만석이 되고 메뉴가 다 나간 후 급한 일이 없으면 나가서 기다리시는 분들게 인사를 드리면 좋을 것 같습니다."

한편 손님이 많아지거나 몰려서 음료 제공 시간이 지연되는 문제에 대해 3호점에선 이런 논의를 합니다.

"현재의 인원으로 손님이 몰릴 때 감당하는 게 무척 어렵긴 합니다. 파트타이머를 채용해야 할 것 같은데, 이후에 매출이 이어진다는 보장이 없어서 쉽지 않은 것 같습니다. 지금으로서는 본점 직원분이 오전, 오후 사람들이 몰리는 타임을 지원해 주시고 차후에 매출 추이를 보고 채용을 결정하는 게 좋을 것 같습니다. 혹은 키오스크를 운영하는 것도 방법이 될 수 있을 것 같습니다."

핵심가치가 다르니 문제해결의 방향 또한 다릅니다. 1호점에서는 손님들께 제공할 풍성한 경험이 중요하고, 3호점에서는 손님들께 제공할 편리함이 중요합니다.

커피가 입맛에 안 맞거나 이상하다고 얘기하는 손님에게도 두 매장에서는 각각 다른 대처를 합니다. 1호점의 경우에는 어떤 면에서 불편하셨는지, 디저트와의 조화도 나쁘셨는지, 평소의 취향은 어땠는지, 새로운 커피를 드릴지, 같은 커피를 다시 내려드릴지, 소통하는 과정 자체가 경험이 되도록 세심한 배려를 하려고 노력합니다. 그러나 3호점에서는, "그러세요? 다시 해 드리겠습니다." 하고 바로 처리해 드립니다.

핵심가치는 업무의 우선순위나 비중에도 영향을 줍니다. 잠깐의 여유가 생기면 1호점의 직원들은 고객들의 풍성한 경험을 위해서 말을 걸고, 요청이 없어도 커피가 떨어진 손님들에게 물을 건네거나 새로운 커피를 드립니다. 그러나 3호점에서는 유휴시간에 재료를 소분하거나 수납공간을 정리하는 일을 우선으로 하게 됩니다. 기본적으로 손님들에게 말을 걸 상황도 시간도 별로 없는 매장입니다. 늘 같은 시간에 오는 손님들에게 같은 품질의 음료를 빠르게 제공하는 것, 그것이 3호점에서는 제일 중요합니다.

핵심가치는 매장의 규칙을 정하는 기준이 되고, 그 규칙은 매장에 정체성을 부여합니다. 핵심가치를 철저하게 지킨다는 것은 그 매장의 가치와 의미, 매력을 유지한다는 것입니다. 그렇기에 각기 다른 손님의 요청에 대해서 핵심가치를 기준으로 판단하고 행동하는 것이 필요합니다. 매장 운영이 어려운 것은 예기치 않은 일이 생기기 때문인데, 당장에 해결이 급하더라도 프레임워크에 따라서 판단해야 합니다. 기계적으로 규정을 지키기보다는 핵심가치를 기준으로 문제에 관해 고민해야 근본적인 해결책에 가까운 방법을 찾을 수 있습니다.

어떤 일을 잘 해결했느냐, 아니면 잘하지 못했느냐를 가늠하는 중요한 기준은 결과가 핵심가치에 부합했는지의 여부입니다. 직원들로 하여금 일을 잘하게 하려면 꼬치꼬치

잔소리를 할 게 아니라, 어떤 기준으로 판단해야 할지를 명확하게 전달해야 합니다. 프레임워크를 잘 설정해 놓아야 하는 이유입니다. 혹 혼자 하는 매장을 하더라도 프레임워크 설정은 중요합니다. 나중에 새로운 직원이 생길 수도 있고, 중요한 결정을 할 때 우왕좌왕하지 않고 최종적인 목표에 이를 수 있는 결정을 하도록 이끌어 줄 것입니다.

저희 네 번째 매장에는 이런 프레임워크가 있습니다.

'우리의 커피 바는 친구의 집에 초대받아 커피와 디저트를 나누는 것 같은 경험을 드리는 곳이다.'

손님의 취향이 반영된 커피와 디저트를 잘 준비하는 것에서 그치지 않고 같은 공간, 같은 시간에 머무는 손님들이 마치 한집에 초대받은 친구들처럼 편하고 자연스럽게 어울리도록 돕는 것이 네 번째 매장에서의 바리스타의 책무입니다. 어떤 날은 같은 시간대에 머무르는 사람들끼리 매우 가까워져서 모두 편하게 대화에 참여하는 경우도 있지만, 혼자만의 시간을 즐기고 싶어서 온 분도 계실 수 있습니다. 이럴 때는 원치 않는 사람을 억지로 참여시키지는 않되, 소외감이 느껴지지 않게 즐거움의 수위를 조절하기도 하고,

함께 참여할 만한 대화 주제를 던지기도 합니다. 무례하거나 민감할 수 있는 질문을 하지 않으려고 노력하기도 합니다. 적당한 거리감을 유지하며 이런 무드를 경험하도록 이끄는 일은 커피를 내리는 것보다 훨씬 어렵습니다. 그런데 이런 프레임워크에 따라서 일을 한 덕분에 고객들은 이 공간에 대한 특별한 기억을 안고 돌아갑니다. 저희는 그 점에서 보람을 느낍니다. 고객에게 전하려는 핵심가치가 명확하고 그것이 운영 전반에 녹아 있다면, 그 공간은 특별한 곳으로 기억됩니다.

더 나아가 이러한 핵심가치는 브랜드의 근간이 되는데, 이 내용은 뒤에서 브랜딩 이야기를 하면서 나누겠습니다.

매뉴얼을 만드세요

예전에 아주 경력이 많은 바리스타가 어떤 매장에 낸 지원서를 본 적이 있습니다. 간결한 문장들 사이에 인상적인 대목이 있었습니다.

'레시피만 알려주시면 바로 일할 수 있습니다.'
'경력 나이 신경 쓰이면 같이 일 못 하죠. 시키는 대로 합

니다.'

매장에서의 운영 과정, 합의, 원칙, 일관성의 중요성을 잘 인지하고 있고, 자기가 해 온 것을 고집하는 것이 아니라 지금 하는 매장이 해 온 방식을 존중하고 따르는 분이라는 생각이 들었습니다.

매뉴얼과 같이 정해져 있는 것을 그대로 따르는 일은 심적으로 답답하고 불편할 수 있습니다. 그런데 저는 가게의 규모와 상관없이 매뉴얼을 꼭 갖추라고 말씀드립니다. 매뉴얼의 장점은 크게 두 가지로 볼 수 있는데, 첫 번째는 직원 간의 업무 편차를 줄여준다는 것이고, 두 번째는 고객들에게 일관된 서비스를 제공해 주는 데 큰 도움이 된다는 점입니다.

경력이든 신입이든 새로 입사를 하게 되면 아직은 모르는 것이 많습니다. 경력이 많으면 좀 더 빠르게 업무를 파악하고 적응을 할 수는 있겠지만, 자기가 해 온 방식이 가게의 방향성과 다를 수 있습니다. 그럴 때 매뉴얼이 있으면 큰 혼돈 없이 매장의 즉시 전력이 되어 줄 수 있습니다.

매장에서의 원칙과 일관성을 유지하기 위해, 저희는 매

뉴얼에 단순히 '해라', '마라'가 아닌 그렇게 해야 하는 이유를 함께 기록합니다. 이 재료를 쓰는 이유, 이 순서로 만드는 이유, 이런 식으로 대응을 하는 이유 등 다양한 내용이 적혀 있습니다. 처음부터 모든 매뉴얼이 갖춰져 있던 것은 아닙니다. 현장에서 벌어지는 일들을 같이 의논하고, 원인과 이유를 분석하고, 적절한 해결책을 마련하여 시행해 보고, 피드백을 받고 수정해 가는 과정을 거칩니다. 그리고 그것을 정리해서 공유합니다. 이를테면 이런 것들입니다.

대응 스크립트

많은 매장에서 생길 법한 상황입니다. 종종 2명이 와서 테이블 2개를 붙여서 앉으려는 분들이 있습니다. 처음에는 그냥 두었는데, 뒤이어 오시는 손님분들의 자리를 만들기 위해서는 그 테이블을 다시 떼어야 합니다. 그래서 테이블을 끌어와 쓰는 것을 금지하게 되었습니다. 이때 상황은 주로 이렇게 돌아갑니다.

> ## 손님 두 분이 2인 테이블 두 개를 붙일 때
>
> 직원 : (반드시 웃는 낯으로) 실례합니다. 저희 매장은 두 분이
> 　　　 이용하시는 경우 테이블을 붙일 수 없습니다.
>
> 손님 : 아 좁은데, 이따가 다른 손님 오시면 뗄게요.
>
> 직원 : (약간 앓는 소리로) 죄송한데, 보시다시피 저희 매장이
> 　　　 협소해서 테이블을 붙이면 다른 분들도 붙이시게 되거
> 　　　 든요. 그러면 다른 손님들이 붙이는 것을 제재할 수가
> 　　　 없습니다.
>
> 손님 : (떨떠름해 한다)
>
> 직원 : (공손하게) 쾌적한 환경을 제공해 드리지 못해서 죄송
> 　　　 합니다. 불편하시면 저희 매장을 이용하지 않으셔도 괜
> 　　　 찮습니다.

　　실제로 저희 매장에는 이렇게 대화 형식의 스크립트로 구성된 매뉴얼이 있습니다.

　　신입 직원이나 경험이 적은 직원들이 저런 상황을 접하면 매우 당황해합니다. 손님들의 표정이나 말투로 인해 조급해집니다. 그러면 "잠시만요." 하면서 상급자를 부르거나

대처 방법을 물어보러 들어갑니다. 상급자가 있다면 처음부터 상황을 설명해야 하고, 상급자가 자리에 없거나 바쁘면 즉시 조치를 취하기 어렵습니다. 하지만 미리 정해진 대응 매뉴얼이 있으면 일관적인 서비스를 제공하면서 매장의 원칙도 지킬 수 있습니다.

유휴시간 체크리스트

저희 매장에는 '유휴시간 체크리스트'라는 것이 있습니다. 가게가 한가해지는 순간이 있습니다. 이럴 때 사장의 눈에는 여러 가지가 보입니다. 테이블에 먼지도 있고, 무릎 담요도 헝클어져 있고, 컵도 돌아가 있고, 화장실 휴지는 곧 떨어질 것 같습니다. 직원이 놀았다고 생각하진 않지만, 직원에게 이것저것 지시합니다. 직원은 좀 이따 할 생각이었는데 사장이 반 박자 빠르게 언급합니다. 그러면 그 말은 잔소리로 들립니다. 하지만 저희 매장에서는 한 마디면 됩니다.

"길동 씨, 유휴시간 체크리스트 확인 부탁드려요."

유휴시간 체크리스트

1. 손님 테이블을 돌면서 피드백 받기

2. 화장실 점검

3. 셀프바 점검

4. 케이크 상자 접어두기

5. 소모품 재고 파악

6. 매장 외부, 테라스, 입구 주변 점검

7. 원두 소분하기

위와 같이 체크리스트에는 대체로 우선순위대로 할 일이 적혀 있어서 리스트를 확인하며 일 처리를 하면 됩니다. 체크리스트의 항목과 우선순위는 직원들이 자체적으로 논의하거나, 저의 지시사항이 반영되기도 합니다.

컴플레인 노트

모든 직원이 함께 근무할 때도 있지만, 일부 직원이 자리를 비우는 경우가 있습니다. 그사이 벌어진 일들에 대해서는 따로 알려주지 않으면 모릅니다. 그래서 저희는 기록을 해 둡니다. 처음에는 따로 노트에 기록을 했었는데, 요즘은 업무용 메신저로 공유하고 있습니다.

'손님께서 음료 주문 변경에 관한 요청을 하셨는데 프레임워크에 따라 이렇게 처리해 드렸습니다. 그런데 조치 후에 생각해 보니 다른 문제가 생길 수 있어 보입니다. 함께 검토 부탁드립니다.'

이런 식으로 자유롭게 기록합니다. 그 후 모두가 함께 있을 때 의논하고 앞으로 이런 경우에는 이렇게 대처하자고 합의를 한 다음 그것을 컴플레인 노트에 남깁니다. 이러한 기록 자체가 하나의 서비스 매뉴얼이 되는 것입니다.

운영에 있어서 컴플레인을 다루는 것은 매우 중요한 문제입니다. 사람은 누구나 실수할 수 있는데 그중에는 만회할 수 있는 것도 있습니다. 그리고 그 실수를 수습하는 과정을 통해서 더 신뢰를 받을 수도 있습니다. 그런데 컴플레인은 직접 듣는 순간에는 그것을 감내하기가 힘들고 감정이 상합니다. 그러다 보면 감정적인 해결을 하거나, 원인을 잘못 판단하여 적절하지 않은 조치를 내릴 수 있습니다. 그래서 기록을 하는 것이 중요합니다. 기록을 하다 보면 좀 더 객관적이고 다각적인 시선으로 문제를 살펴볼 수 있습니다. 이유와 과정이 드러나기 때문에 다음에 다른 문제를 해결하는 데도 도움이 됩니다.

예를 들어, 한 손님께서 "커피 맛이 달라졌네요? 오늘따라 써요."라고 하셨습니다. 평소 맛에 대해 피드백을 하지 않은 분이서서 조금 당황스러웠습니다. 그 자리에서 커피를 마셔봤지만, 딱히 다른 점은 느끼지 못했습니다. 그래서 왜 그런 생각을 하셨을지 고민해 보고 이런저런 설명을 해 드렸는데 "그래도 쓰다고요. 내가 매일 마시는데 그걸 모르겠어요?"라고 짜증 섞인 반문이 돌아왔습니다. 이후에 저희는 오랜 토론을 거쳐서 이런 결론을 내렸습니다.

'손님이 느낀 바를 공감해 드리기보다는, 손님이 틀렸다는 메시지를 준 게 문제였다.'

이후에 저희는 커피의 맛에 대한 컴플레인이 있을 때 이렇게 대처하기로 했습니다.

커피 컴플레인 응대

직원: 제가 점검해 보겠습니다. 잠시만 기다려 주세요.

(뒤돌아서 맛을 보고) 지금 바로 다시 해 드릴게요.

(좀 더 진중한 태도로 커피를 내리고 건네 드리면서 "어떠세요?"라고 묻는다.)

1) 손님이 "네 이제 괜찮네요." 라고 하시면 "네 감사합니다. 맛있게 드세요."라고 답한다.

2) 손님이 "네 이제 괜찮네요. 그런데 왜 그런 거예요?"라고 물으시면 "기계로 커피를 내리지만 기계가 순간적으로 기능을 잘 발휘하지 못하는 경우도 있고 바리스타의 실수일 때도 있습니다. 다음번에도 이상하시면 말씀해 주세요."라고 답한다.

주의

맛보는 행위가 우린 잘못이 없다는 사실을 증명하기 위해 쓰여서는 안 된다. '당신의 의견을 경청하겠다'라는 의미로 전달되어야 한다. 우리 커피의 옳고 그름을 증명하는 것은 아무 의미가 없다.

컴플레인을 기록하고 그것을 통해서 고객의 필요와 요구를 알아차리는 것, 그것을 고민하고 발전시켜 나가는 장치를 마련하는 것이 중요합니다.

매뉴얼은 운영 과정에서 낭비되는 에너지를 줄여주고 일을 수월하게 하는 장치입니다. 저는 1인 매장을 준비하는 예비 창업자들에게도 시작단계에서부터 매뉴얼을 준비하라고 합니다. 언제까지 혼자 매장을 지킬지도 알 수 없고, 혼자 운영하더라도 원칙과 기준을 정하면 에너지를 줄일 수 있습니다. 모든 것을 미리 다 결정해 놓을 수는 없겠지만 일이 생겼을 때 기록하고 생각하는 일련의 과정은 가게를 단단하게 만듭니다.

마무리

창업 2, 3년차의 사장님들의 고민은 대부분 운영과 관리에 대한 문제입니다. 일은 계속 많아지는데 돈은 들어오지 않는 것 같습니다. 직원들과 함께 일하는 것이 힘들어 차라리 혼자 일하는 게 낫겠다고 생각합니다. 카페를 차리려고 그렇게 열심히 커피를 공부했는데 별 소용이 없는 것처럼 느껴집니다.

 망해가는 회사를 유능한 직원이 살릴 수 있을까요? 아니면 잘되는 회사가 일부 직원의 능력 부족으로 망할 수 있을까요? 저는 아니라고 생각합니다. 그러나 어떤 사람이 사장이 되느냐, 또 사장이 어떤 결정을 하느냐에 따라서 회사는 잘될 수도 있고, 망할 수도 있다고 생각합니다. 기술적인 문제는 더 배우거나, 잘하는 사람을 채용해 해결할 수 있지만 운영과 관리는 온전히 사장의 몫입니다. 사장이 돈과 운영에 대한 구조를 잘 짜 놓으면 최소 망하지는 않습니다. 유능한 직원이 아무리 커피를 잘 내리고 디저트를 잘 만들어도 사장이 가격을 잘못 정하거나 다른 비용을 관리하지 못하면 가게는 어려워집니다.

 창업에 있어서 우선적으로 해야 할 일로 구조를 말하는 이유는 이 때문입니다. 구조에 따라서 노력의 결과는 달라집니다.

로즈마리 향이 은은하게
퍼지고 상큼한 레몬과
말캉한 망고의 과육 그리고
바나나의 향긋함이
끝에 맴도는 이미지피의
인스피레이션 블렌드
Inspiration blend

로즈마리 레몬망고

음

3부

다름

카페가 잘되려면 고객들이 우리 가게에 와야 할 이유를 선명하게 전달하는 것이 무엇보다도 중요합니다. 쉽게 말해, 자랑을 잘해야 한다는 겁니다. 자랑을 해야 사람들이 관심을 갖게 되고 찾아오게 됩니다. 그런데 자랑을 하라고 하면 흔히들 우월함에 초점을 두고 생각합니다. '나음'을 보여주려고 한다는 겁니다.

카페들을 한번 살펴볼까요? 저마다 우리 커피가 더 맛있다고 자랑을 합니다.

예전에는 '100% 아라비카' 커피나 '갓 볶은 신선한 원두'와 같은 말로 사람들을 유혹했습니다. 커피 이름 앞에 무조건 '최고급'을 붙이거나, 세계 3대 커피를 언급하기도 합니다. 혹은 전문가나 애호가들은 다 알지만 대중들은 모르는 커피를 내세우곤 합니다. 이를테면 '최고급 탄자니아 피베리' 같은 커피 종류를 말하는 식입니다. 그런데 그런 미끼에 걸리는 사람은 그다지 많지 않습니다. 커피를 모르는 사람에게는 너무 어려운 얘기라 공감이 안 가고, 커피를 아는 사람에게는 그냥 상술에 불과하다고 느껴질 멘트이기 때문입니다.

최근에 자주 눈에 띄는 것은 '스페셜티 커피'라는 단어입니다. 스페셜티 커피는 공신력 있는 단체에서 정한, 품질에 대한 기준이 명확하게 있는 좋은 커피이긴 합니다. 그런데 이런 스페셜티 커피가 '더 좋은' 커피일지언정 그것이 '더 맛있는' 커피로 공감받을 수 있다고 단언할 수는 없습니다. 스페셜티 커피 등급의 커피를 로스팅할 때에는 대체로 약하게 볶습니다. 기술적으로 어렵고, 비싼 커피를 써야지 맛과 향의 개성이 잘 드러나고 맛도 깔끔해집니다. 그런데 이렇게 볶으면 커피가 가진 신맛이 잘 느껴집니다. 10년 이상 카페를 운영하면서 다양한 커피를 소개할 때, 가장 많이 들은 말 중의 하나는 "시지 않은 커피가 어떤 거죠?"라는 질문입니다. 스페셜티 커피, 그중에서도 약하게 볶아 신맛이 나는 커피를 좋아하는 사람들은 여전히 많지 않습니다.

왜 그럴까요? 여러 이유가 있겠지만 커피가 기호식품이기 때문일 겁니다.

'맛과 향을 즐기기 위하여 먹거나 마시는 식품으로, 인체에 필요한 직접 영양소는 아니지만 특유의 향미가 있어 기호를 만족시켜 주는 식품.'

기호식품에 대한 설명입니다. 저는 이 정의에서 '기호', 즉 즐기고 좋아하는 기준에 주목합니다. 사람들은 맛있는 음식을 좋아하고 그 음식을 자주 찾습니다. 이때 사람들은 평소에 먹던 익숙한 맛을 보통 맛있다고 느낍니다. 물론 익숙함의 범주를 벗어난 것을 먹고서도 맛있다고 느낄 수 있지만, 통상은 익숙한 맛을 맛있다고 느낍니다. 그렇기에 '더 맛있는 것'을 주기 위해 제시되는 새로운 커피들은 소수의 사람에겐 환영을 받지만, 대체로 외면을 당하게 됩니다. 비단 커피뿐 아니라 많은 음식이 그렇습니다. 세상엔 수많은 맛있는 것들이 있지만 '더 맛있음'을 증명하기란 지극히 어려운 일이고, 공감받기란 여간 힘든 일이 아닙니다.

'더 맛있다', 혹은 '더 우수하다'를 강조하기 위해서 실력이나 성과를 내세우는 경우도 많습니다. 어느 분야든 1등을 하고, 수상을 한다는 것은 가치 있는 일이라고 생각합니다.

'로스팅 챔피언이 볶은 커피를 씁니다'
'바리스타 챔피언이 내려주는 환상의 드립커피'
'라떼아트 한국 대표가 만들어주는 카페라떼 전문점'
'프랑스 제과 학교를 수료한 파티시에가 만드는 케이크'

하지만 이런 타이틀은 고객의 호기심을 잠깐 일으킬 뿐 선택으로 이어지는 경우가 많지 않고, 지속하기는 더 어렵습니다. 물론 이런 타이틀이 허명은 아닙니다. 정말 셀 수 없이 많은 실력자가 맛있는 커피와 디저트를 만들어내고 있습니다. 저 역시 친구들에게 자주 이런 이야기를 듣습니다.

"너희 가게는 네 동생이 케이크를 잘 만들어서 잘되는 거 아니야?"

이미커피의 모든 디저트를 만드는 이승림 셰프는 제 친동생입니다. 일본의 유명 제과 학교에서 공부도 했고, 현장에서의 경험도 풍부합니다. 이 일을 시작한 이후 편하고 쉽게 일한 적이 없는 것 같습니다. 그러한 노력의 결과들이 '이미커피'라는 브랜드가 대중들의 사랑을 받는 데 큰 공헌을 한 것도 사실입니다. 그런데도 저는 맛있는 케이크 때문에 잘되었다는 말에는 온전히 동의할 수 없습니다. 그것은 제가 해 온 커피에 있어서도 마찬가지입니다.

맛은 고객들이 우리 가게에 오게 되는 이유 중 하나일 뿐입니다. 제 동생과 같은 곳에서 공부했던 동문이 정규과정을 마치고, 탄탄한 경력과 실력을 쌓은 후 신중에 신중을 기해 창업했었지만, 대부분의 가게들이 지금은 문을 닫았습니다. 실력이 좋다고, 맛만 있다고 다 잘되는 것은 아니라는 겁니다.

국내에 내로라하는 챔피언들이 하는 카페들이 다 잘되지는 않습니다. 커피 학원의 강사들은 창업을 하지 않습니다. 보통의 바리스타보다 커피를 더 잘하는 그들의 결과가 좋은 경우는 많지 않습니다. 끊임없이 1등의 면모를 보여주는 일은 너무 어렵고, 매년 새로운 1등이 나오는 상황에서 순위는 지속 가능한 가치가 될 수 없습니다.

더 싼 것, 더 큰 것도 쉽지는 않습니다. 예전에는 1,500원짜리 커피면 엄청나게 싼 거였는데 요즘은 1,000원짜리, 900원짜리 커피도 있고, 비슷한 가격의 편의점 커피도 나오는데 가격 대비 꽤 훌륭한 커피가 많습니다. 특히 편의점은 가격 경쟁력도 우수한데 접근성까지 좋습니다. 양도 마찬가지입니다. 예전에는 500mL가량의 그란데 사이즈면 엄청 크다고 했는데 요즘은 1리터 커피도 출시되었습니다.

'더' 혹은 '나음'을 자랑하는 방식은 내 가게, 나만의 브랜드를 알리기 좋은 방식이 아닙니다. '더'라는 것은 늘 경쟁에 처하게 됩니다. 그리고 경쟁의 성패는 주로 자본에 의해 결정됩니다.

자본도 많지 않고 1등 타이틀도 없는 우리가 경쟁에 밀리지 않으려면 어떻게 해야 할까요? 애초에 경쟁을 하지 않아야 합니다. '카페가 이렇게 많은데 말이 되는 소리야?' 라는 생각이 드실 겁니다. 나라에서 카페 창업을 금지하지 않는 한 카페가 느는 것을 막기는 어려울 것으로 보입니다. 아무리 작은 카페라도, 우리 가게에 큰 위협이 되지 않을 것 같은 카페라도 새로운 카페가 주변에 생기면 잠시라도 매출에 영향을 받게 됩니다. 원하지 않아도 어쩔 수 없이 경쟁에 휘말리는 경우가 있습니다. 그렇기에 더욱 경쟁하지 말아야 합니다. 내가 더 낫다는 것을 보여주는 식으로 경쟁에서 이기려고 시도하지 말고, 대신 남들과는 다른 것을 보여줌으로써 경쟁에서 벗어나야 합니다.

3부에서 이야기할 주제는 '다름'입니다. 남들보다 더 나은 무엇이 아닌, 남들과는 다른 무엇으로 선택받는 공간, 사랑받는 브랜드를 만드는 것에 관해 이야기하겠습니다. 주로 카페의 사례를 많이 말씀드리겠지만 특정한 업종에만 국한된 이야기가 아니라고 생각합니다. 모든 창업의 핵심은 다름을 만들어내는 것에 있습니다.

나음이 아닌 다름을 추구하세요

몇 해 전, 창업 상담을 해 드린 적이 있습니다. 커피도 카페라는 공간도 정말 좋아해서 오래전부터 카페를 해보고 싶었다는 분이었습니다. 평일 오후 시간, 저희 매장에서 상담했는데 그날따라 주말처럼 손님이 많아서 제가 체면이 좀 섰었습니다. 그래도 해야 할 얘기는 해 드려야 해서, 현실적인 이야기를 많이 해 드렸습니다. "이렇게 잘되는 가게가 흔치 않다.", "우리 가게도 늘 이렇지 않고, 이렇게 사람이 많다고 해서 수익이 많은 것은 결코 아니다."와 같은 이야기를 해 드렸습니다. 오히려 현실적인 이야기를 솔직하게 이야기해 주어서 더욱 신뢰가 간다고 하셨습니다. 늘 그렇듯 창업을 말리는 데는 실패했고, 어떤 꿈과 어떤 계획을 세우고 계시는지 여쭤보았습니다.

"저는 ○○○커피를 좋아하는데요. ○○○커피 원두를 사용한다는 것을 알림으로써 차별성을 가질 수 있을 것 같아요. 동네 카페의 커피 맛이 다 거기서 거기잖아요. 맛도 별로 없고. 주변의 다른 가게와는 확실히 다른 수준의 커피를 선보일 수 있을 것 같아요."

"맛있는 커피로 어필하시겠다는 건가요?"

"맛뿐 아니라, 브랜드 이미지도 좋잖아요. 이 커피를 쓴다는 것만으로 신뢰감을 줄 수도 있을 것 같고, 커피 애호가나 카페 투어하시는 분들에게 관심을 받을 수 있을 것 같아요."

"아 그렇군요. 그런데 선생님께서는 ㅇㅇㅇ커피가 왜 좋으세요?"

"커피를 좋아해서 유명하다는 카페들을 탐방하다가 알게되었는데, 커피도 맛있었고, 공간도 너무 멋지고, 특히 예술적인 요소들이 인테리어나 패키지, 메뉴 이름에도 잘 녹아 있어서 모든 것이 만족스러웠어요."

"그렇죠. ㅇㅇㅇ커피 저도 좋아하는 브랜드입니다. 개인적으로는 그곳 총괄 매니저님과도 아는 사이죠. 그런데, 커피는 ㅇㅇㅇ커피를 쓴다고 해도, 앞서 말씀하신 것처럼, 그 브랜드의 예술적인 요소라든가, 매력적인 공간이라든가 이걸 만들어내실 수 있을까요? ㅇㅇㅇ커피를 쓴다는 것으로 기대감이 높았는데, 실제로 공간이나 서비스는 ㅇㅇㅇ커피에 비해서 많이 부족하다고 느껴서 오히려 손님들이 실망하지는 않을까요?"

난감해하는 표정을 보이셨지만, 저는 이어서 계속 말씀드렸습니다.

"선생님께서는 ◆◆◆커피를 아세요?"

"거긴 잘 모르겠는데요."

"○○○커피와는 좀 다른 결이지만 지금 굉장히 매장도 많아지고 있고, 손님도 굉장히 많은 매장이에요. 카페투어 다니는 사람들이라면 다들 한 번씩 가고 시그니처 메뉴도 엄청 유명해요."

"아 그렇군요. 저도 한번 가보겠습니다."

"선생님처럼 커피를 좋아하고 많은 카페를 다니시는 분도 여전히 모르는 커피 브랜드가 이렇게 많은데 그 동네에서 ○○○커피를 아는 사람은 과연 얼마나 될까요? 혹 ○○○커피를 아는 사람이 제법 있어서 방문하는 사람이 는다고 하더라도, 주변에 선생님의 가게보다 크고 멋진 공간이 생기고 거기서 같은 커피를 쓰면 어떻게 하실 건가요? 제가 볼 때는 다른 브랜드의 장점을 차용하는 것이 큰 효과는 없을 것 같아요."

듣는 분의 입장에서는 좀 모질게 느껴졌을 겁니다. 그런데 저는 누구에게나 창업 현실에 대해 명확하게 알려드립니다. 그분의 인생이 달린 문제이기 때문입니다.

다름을 보여주라고 말씀드리면, 사람들은 뭔가 나은 점

을 강조하려고 합니다. 다름의 의미를 잘 이해하지 못했다는 뜻입니다. 나은 점을 강조하면 눈에 잘 띄겠지만, 그게 다름은 아닙니다.

나음은 경쟁에 쉽게 노출이 됩니다. 언젠가 따라 할 수도 있고, 뛰어넘을 수도 있습니다. 다름은 때때로 새로운 것을 만들어내는 것이기 때문에 따라 하는 게 쉽지 않습니다. 그렇기 때문에, 나음보다는 다름을 추구해야 한다는 것입니다. 다름의 의미와 가치에 대해서 좀 더 알아보도록 하겠습니다.

다름은 새로운 장르를 만드는 것입니다

나음으로 가치를 증명하는 일이 있습니다. 기록으로 승부가 나는 스포츠 경기가 그렇습니다. 상대방보다 더 많은 점수를 내거나, 결승점을 먼저 통과하거나 더 무거운 것을 들어 올림으로써 나음을 보여주어야 합니다. 1등만 기억하는 사회풍토를 비판하기도 하지만, 스포츠로 생계를 이어가는 프로선수라면 나음으로 증명해야 합니다.

과거에는 사업에서 더 나은 것을 보여주어야 했었습니

다. 제품이 다양하지 않았기 때문입니다. 경쟁사보다 더 나은 점을 만들어 그것을 강조하는 마케팅을 했습니다.

제 어릴 적 기억에 치약은 페리오와 메디안밖에 없었던 것 같습니다. 물론 치약이 이렇게 두 가지만 있진 않았을 겁니다. 하지만 이 둘 외에 다른 치약은 기억이 나지 않을 만큼, 페리오와 메디안의 시장점유율은 압도적이었습니다.

기록을 살펴보니 당시 국내 치약 시장이 활성화되면서 페리오, 메디안뿐만 아니라 글로벌 기업의 제품들까지 경쟁에 뛰어들었다고 합니다. 당시의 치약 광고는 '우리는 미백효과가 첨가되었다.', '불소함량을 더 높였다.', '경쟁사보다 양이 더 많다.', '경쟁사보다 더 저렴하다.'와 같은 내용이었습니다. 치열한 경쟁 속에서 저마다 더 나은 점을 내세웠던 것입니다.

그런데 이 경쟁 속 최후의 승자는 페리오도, 메디안도, 다른 외국 기업의 치약도 아닌 죽염치약이었습니다. 당시의 치약 회사들은 충치 예방에 초점을 두어 치약을 개발해 왔습니다. 그런데 풍치나 치주염 같은 잇몸 질환에 초점을 두고, 이러한 병을 앓는 사람들을 위한 치약 개발에 몰두한 회사가 있었습니다. 그 결과가 바로 죽염치약입니다. 어떻게 하면 더 나은 치약을 만들까를 고민한 것이 아니라, 치약이 충치 예방 말고 또 해야 할 다른 일은 없을까를 고민한 겁니다.

기존의 양강구도를 깨고 승리를 거둔 비결은 더 나은 제품이 아닌, 이전과는 다른 제품이었습니다. 죽염치약은 기존의 치약들과는 목표 자체가 다르니 기존의 제품들과 경쟁할 필요가 없었습니다. 먼저 다름을 만들어 유명해지면, 후발주자들이 이길 수가 없습니다. 다름이라는 것은 이처럼 새로운 장르를 만드는 것입니다.

달라 보인다, 특이하다는 것만으로는 온전히 다름을 보여줄 수 없습니다. 비즈니스는 필요를 만들어내는 것입니다. 죽염치약처럼 소비자의 필요를 면밀하게 살펴보고 남들이 아직 채워주지 못한 것을 먼저 찾아서 제품과 서비스로 만들면 그것이 다름이 됩니다.

2020년 기준 대한민국에는 8만 3천여 개의 카페가 있고 그중 10대 커피 브랜드를 제외한 중소브랜드와 개인 카페의 수는 7만 5천 여 개에 달합니다. 이렇게 많은 카페 중에 더 나은 무언가로 눈에 띄어 선택을 받을 수 있는 곳은 얼마 없습니다.

1등이 중요한 게 아니라, 먼저가 중요합니다. 먼저를 만들어내는 것은 다름입니다. 죽염치약이 치주염 치료에 1등이기 때문이 아니라, 가장 먼저 치주염 치료를 목적으로 만들어진 치약이었기에 경쟁에서 승리할 수 있었던 것입니다.

10% 정도의 새로움이면 됩니다

나영석 PD란 분을 알고 계시죠? 지금도 방영 중인 KBS 〈1박 2일〉이라는 프로그램을 히트시킨 스타 PD입니다. '리얼 버라이어티'라는 장르를 처음 시도한 것은 아니었지만, 대중들에게 이를 안착시키는 데는 나영석 PD의 공이 크지 않았을까 싶습니다. 전에는 PD라고 하면 화면 바깥에 있던 존재였는데, 이제는 종종 화면에 등장해서 에피소드를 이끌어 가기도 하고 대중들의 관심과 사랑을 받기도 합니다. 이런 시작을 연 사람 중의 한 명이 나영석 PD입니다. 지상파를 떠나 케이블로 이전한 이후에도 여러 프로그램을 성공시켰고, 시즌제로 정착시켜서 거의 1년 내내 그의 프로그램이 나올 정도입니다. 각 타이틀을 모두 브랜드화시켜서 스핀오프도 성공시켰습니다.

언젠가 유재석 씨가 나영석 PD를 인터뷰하는 프로그램을 본 적이 있는데 두 사람의 대화에서 다름을 추구하는 것에 대한 좋은 인사이트를 얻은 적이 있습니다. 유재석 씨가 "어떻게 하면 매번 그렇게 대박을 낼 수 있습니까? 도대체 비결이 뭔가요?"라고 질문했습니다. 그러자 나영석 PD는 이런 답변을 했습니다.

"〈1박 2일〉이 큰 사랑을 받고 난 후 이제는 새로운 것을 해 봐야겠다는 생각이 들었는데, 새로운 것을 하자니 너무 부담되는 거예요. 그래서 고민하다가 좀 욕을 먹더라도 하던 것, 잘하는 것을 하자. 그런데 너무 똑같이 할 수는 없으니 좀 다르게 하자는 생각을 했어요. 〈1박 2일〉이 국내여행이었으니, 이제 해외로 가보자 생각했고요. 출연진도 이전까지는 젊은 출연자들과 함께했지만, 젊은 사람들은 앞으로도 기회가 많으니, 나이가 많은 분들을 모시고 가면 어떨까 생각을 했습니다."

이런 발상으로 제작된 프로그램이 〈꽃보다 할배〉입니다. 원로 연기자 네 분과 젊은 후배 연기자가 동행하여 함께 해외여행을 하는 예능 프로그램이었는데, 속도감 있고 유희적인 측면이 강했던 기존의 예능과는 전혀 다른 즐거움과

감동을 주었습니다. 〈꽃보다 할배〉를 시작으로 '나영석 표' 예능 프로그램들은 연이어 히트하게 되는데, 그건 모두 다름에 대해 고민한 결과물이 아니었을까 싶습니다.

나영석 PD는 프로그램 제작에 대해서 고민하는 후배에게 "네가 잘하는 것을 하되, 거기에 10% 정도의 새로움이나 변화를 주면서 방향을 잡아봐라."라고 조언을 하기도 했다 합니다.

다르게 한다는 것이 무에서 유를 창조하라는 것은 아닙니다. 날개 없는 선풍기나 바람 없는 에어컨은 분명히 다르고 새로워 보이지만 바람과 공기를 통해서 시원하게 해 주는 장치는 이전부터 있었던 것처럼 말입니다.

세상에 없던 무엇을 창조해 내겠다는 생각보단 어떻게 하면 익숙하고 좋아하는 것들을 다르게 해 볼까 고민하다 보면 의외로 멋진 것이 나올 수 있다고 생각합니다.

치약, 예능 프로그램, 전자제품 이런 것들을 예시로 드니 다름을 추구하라는 이야기가 너무 거창하거나 어렵게 느껴지고 마음에 와닿지 않을 수도 있겠습니다. 그렇다면 이런 건 어떨까요? 최근 몇 년 사이 식음료 쪽에서 메가 히트를 기록했던 메뉴나 아이템들을 떠올려 보는 겁니다.

그런 상품들이 하나같이 완전히 새로운 것들은 아니었습니다. 작은 다름이 커다란 호응을 불러온 겁니다. 이런 제품이나 메뉴를 바탕으로 프랜차이즈 브랜드가 생기고, 가맹점이 폭발적으로 늘어나고, 많은 카페에서 같은 메뉴를 내놓는 일이 생기기도 했습니다.

벌집 아이스크림을 기억하시나요? 소프트아이스크림에 벌집을 하나 올렸을 뿐인데, 이걸 주력 아이템으로 하는 아이스크림 전문점도 생기고 노점 가판대도 많이 생겼습니다. 드셔보신 분들은 알겠지만, 세상에 없는 맛은 아닙니다. 그냥 아는 아이스크림 맛에 아는 꿀맛입니다.

대만 카스텔라도 있었습니다. 익히 아는 카스텔라에 비해서 크고, 크림이 가득 들어있고, 부드러운 식감을 가지고 있었는데 크기를 생각하면 가격도 비싼 편이 아니라서 인기가 많았습니다.

흑당 버블티도 마찬가지입니다. 버블티는 아주 오래된 아이템인데, 기존의 무색무취의 설탕 시럽 대신 다소 특색이 강하고 색도 인상적인 흑당시럽이 들어가면서 폭발적인 인기를 끌었습니다. 단순하게 보자면 시럽만 바뀐 것입니다.

크로플은 어떤가요? 오븐에 굽던 크루아상 생지를 와플틀에 굽고, 와플에 올리는 여러 토핑을 추가해서 만든 디저트입니다. 굉장히 어려운 제과적인 기술이나 지식이 필요한 디저트가 아닙니다. 그런데도 많은 사랑을 받는 아이템이 되었습니다.

언급한 제품들이 모두 여전히 사랑을 받고, 꾸준히 잘되지는 않았습니다. 잘되니까 많은 사람들이 따라하여 경쟁이 심해졌고, 너도나도 하다 보니 흔한 것이 되어 버렸습니다. 그러나 이런 상황에서 다름을 계속 고민하고 실천한 브랜드와 제품들은 여전히 잘되고 있습니다.

비스포크 커피와 페어링 디저트

남구로 이미커피로스터스의 커피 바에는 단 두 가지 메뉴만이 존재합니다. 하나는 원하는 커피를 말하는 대로 준비해 드리는 '비스포크 커피'이고, 다른 하나는 커피에 맞게 정해진 디저트를 제공하는 '페어링 디저트'입니다. 손님이 자리에 앉으면 인사를 드리고 메뉴에 대해 다음과 같은 안내를 드립니다.

"오늘 준비된 원두는 메뉴판에 나와 있는 세 가지입니다.

취향에 맞는 원두를 먼저 골라주세요. 그리고서 커피를 어떻게 즐기고 싶으신지 말씀해 주시면 손님의 요청에 따라 준비해 드리고 있습니다. 에스프레소 머신으로 추출한 에스프레소, 아메리카노, 라떼, 카푸치노, 플랫화이트 모두 가능하고, 종이 필터를 이용한 드립 커피로도 드실 수 있습니다. 오늘은 우유 생크림과 수제 바닐라 시럽도 준비되어 있으니 아인슈페너나 바닐라라떼도 드실 수 있고 그 밖의 메뉴도 원하시는 것을 최대한 맞춰 준비해 드립니다. 어떻게 드시든지 커피 가격은 동일합니다. 디저트도 주문 가능하신데요. 단, 어떤 디저트가 준비되어 있는지 미리 알려드리지 않고, 또 디저트를 고르실 수가 없습니다. 준비된 커피에 가장 어울리는 디저트로 페어링해 드립니다."

어떠세요? 매우 새롭지요? 기존의 카페와는 다릅니다.

대부분의 카페에서는 메뉴를 정하고 그다음에 원두를 선택하는데, 저희는 원두를 먼저 고르게 했습니다. 여기에는 '커피 바'라는 정체성을 명확하게 전달하려는 의도가 있습니다. 원두를 고른 후 메뉴를 고를 때는 메뉴판에 적혀 있는 것에서 고르는 게 아니라, 내가 선택한 원두와 나의 평소 취향, 오늘의 끌림 등을 고려하여 메뉴를 정하게 됩니다. 그러다 보면 손님은 요청사항을 구체적으로 전달하게 되고 바리스타와 소통도 자연스러워집니다. 여러 차례 오신 분들은 다른 곳에서는 잘 하지 않는 메뉴를 청하기도 하고, 본인의 취향은 아니지만 새로운 커피에 도전해 보기도 합니다. 이러한 일련의 과정은 커피에 집중하게 하여 경험의 농도를 짙게 합니다. 더 맛있는 커피가 목표가 아니라, 이전과는 다른 '커피 경험'이 목표입니다.

디저트도 마찬가지입니다. '딸기 케이크', '초콜릿 무스', '바닐라 타르트' 등 준비된 메뉴의 이름을 공개하지 않고, '페어링 디저트'라고 총칭합니다. 사람들은 보통 커피나 음료는 먹던 걸 습관적으로 고르지만, 디저트는 신중하게 고릅니다. 그런데 이름도 알려주지 않고 마음대로 고를 수 없게 하니 처음에는 불만이 제법 있었습니다. 그러나 이렇게 제공하는 이유를 설명과 경험을 통해서 알게 된 분들께는 공감 이상의 신뢰를 받게 되었습니다. 단순히 맛있는 디저트를 맛보는 게 아니라, 커피와 디저트 간의 어울림을 경험하는 게 페어링 디저트의 목표입니다. 보통의 카페에서는 맛있는 메뉴를 제공하려고 한다면, 이미커피는 고객의 취향이 반영된 멋있는 경험을 드리려고 합니다.

커피를 팔고, 디저트를 팔고, 공간을 마련해 준다는 기능적인 면에서는 여느 카페와 다를 바가 없습니다. 다른 점은 커피가 서브되는 방식입니다. 기존 방식의 경우 보통은 카페가 정해놓은 레시피대로 즐기면 됩니다. 그런데 저희 커피 바의 방식은 다릅니다. 원두와 메뉴의 선택, 선택한 메뉴의 커스터마이징을 모두 고객이 주도적으로 하게 됩니다. 바리스타의 손에 의해서 커피가 완성되긴 하지만, 이 과정을 통해서 더 깊고 밀도 있는 커피 경험이 만들어지는 것입니다.

이미커피로스터스의 커피 바는 더 맛있는 커피가 아닌 삶이 확장되는 커피 경험이라는 다른 목표를 위해 운영되었고, 이것을 이루기 위해서 다른 주문방식을 고안했습니다. 오피스 상권의 매장처럼 효율적이고 속도가 빠른 소통 방식이 필요한 매장이 있지만, 커피 바는 자연스럽고 활발한 소통 과정이 서비스의 핵심인 만큼 이런 복잡한 주문방식이 더 즐거운 경험으로 이어지게 하는 장치가 되었습니다. 손님들은 낯선 커피에 도전하기도 하시고 부재료와의 색다른 조합을 요청하기도 하셨습니다. 때때로 만족스러운 맛이 아닌 경우도 있었으나 그것은 그것대로 즐거운 경험으로 가져가시는 것을 보기도 했습니다.

이러한 저희의 메뉴 제안 방식은 철저한 고객 중심의 방식입니다. 저희는 커피 소개를 할 때 전문적인 단어를 거의 사용하지 않습니다. 이론적 배경과 경험이 없이도 공감할 수 있는 표현으로 커피를 소개합니다. 이를테면 이런 식으로 쓰여 있습니다.

'첫 모금에 느껴지는 탄산의 스파클링한 질감이 오렌지의 새콤달콤함, 자몽의 쌉싸름함과 어우러져 침샘을 자극하는 커피입니다.'

커피의 품종, 재배 고도, 가공 방식 등에 대한 설명까지 해 주는 매장이 많이 있지만, 저희는 어떤 맛인지만 알려주어 취향에 맞는 커피를 찾도록 안내합니다. 혹 취향과 다른 커피를 일부러 고르더라도 설명이 쉬우니 맛에 공감하기도 쉽습니다.

이렇게 커피를 고르고 나면 어떻게 먹고 싶은지를 구체적으로 요청하고 그것에 맞게 커피가 제공됩니다. 이렇게 전해진 커피에 대한 고객들의 만족감은 정말 큽니다. 이미 답을 알고 치르는 시험과 같은 건데도 이렇게 각자에게 딱 맞는 커피를 내놓으니, 커피를 정말 잘하는 카페로 칭송을 받을 때도 있습니다. 만약 저희가 스스로 커피를 잘한다고 열심히 떠들었다 한들, 공감받기는 어려웠을 겁니다. 비스포크 커피와 페어링 디저트라는 새로운 제안 방식은 더 잘

한다는 것을 증명하기보다는 어떻게 하면 다르게 할 것인
가를 고민한 결과입니다.

맛있는 커피와 디저트는 세상에 많이 있습니다. 그렇기
에 맛은 쉽게 대체될 수 있습니다. 그런데 특별한 경험을
준 곳은 다시 찾게 됩니다. 그 경험을 선사해 준 사람을 신
뢰하게 되고, 공간을 애정하게 됩니다. 어느 순간부터는 맛
이 중요한 것이 아니라, 다양한 경험이 주는 삶의 확장이
더 즐거운 일이 됩니다. 저희는 커피를 열심히 하지만, 커
피를 잘하는 공간이 아닌 커피를 즐길 수 있는 멋진 경험을
제공하는 공간이 되는 게 목표이고, 이는 다른 카페와 저희
이미커피의 차이점입니다.

다름을 만들어내는 방법

더 나은 것을 만들기 위해서 노력하는 일도 분명히 가치
가 있습니다. 그럼에도 불구하고 저는 지금 이 시대에 창업
을 하기 위해서는 다름을 만들어야 한다고 생각합니다. 나
음은 더 나음에 의해 1위 자리를 빼앗기고 2, 3위로 내려갔
다가 나중에는 순위권 밖으로 결국 밀리게 되어 있습니다.

63빌딩은 완공 당시 압도적인 높이로 단번에 서울 최고의 랜드마크가 되었습니다. 이 건물의 탄생을 지켜본 저희 세대에게 63빌딩은 고층빌딩의 대명사였습니다. 지금은 어떨까요? 여전히 높은 건물이긴 하지만 2022년 기준, 63빌딩의 높이 순위는 12위입니다.

빌딩 하나를 세우는 것보다 카페를 하나 만드는 것이 당연히 훨씬 쉬울 겁니다. 카페 창업은 다른 비즈니스에 비해서 진입장벽이 낮은 편입니다. 코로나로 수많은 점포가 문을 닫았던 2021년에도 신규 창업 커피점은 1만 4천 개를 넘었다고 합니다. 전년 대비 15%가량 늘어났습니다. 이렇게 치열한 시장에서 나음으로 경쟁한다는 것은 무모한 일입니다. 더 나은 것을 목표로 창업을 하면 오래지 않아 한계에 부딪힐 것입니다. 그렇기에 저는 다름으로 가치를 보여주는 것이, 창업에 있어서 훨씬 유리한, 아니 유일한 방법이라고 생각합니다.

이제부터는 본격적으로 어떻게 하면 다름을 만들어갈 수 있는지, 구체적인 방법에 관한 이야기를 해보겠습니다. 이해를 돕기 위한 사례를 소개하고, 관련하여 제안도 드리려 합니다. 각 사례를 관통하는 주요한 메시지들에 집중하면 분명히 좋은 인사이트를 얻게 될 것이라고 생각합니다.

첫 번째, 스토리

다름을 만들어내는 첫 번째 방법은 스토리입니다. 먹는 장사가 성공하는 것을 보면 '얼마나 맛있길래 저렇게 잘되는 걸까?'라는 생각을 하기 마련입니다. 그런데 저는 이것이 메뉴의 성공이라기보다는 스토리의 성공이라고 생각합니다.

여행지에서 재밌는 카페를 찾아가고 싶어 하는 사람들이 도쿄에 가면 꼭 들르고 싶어 하는 곳 중에 '카멜백 샌드위치'라는 가게가 있습니다. 바리스타와 요리사의 동업으로 만들어진 매장인데, 샌드위치로 유명한 곳이지만, 커피도 맛있고, 패키지도 예쁩니다. 저는 두 번을 갔었는데 맛도 있었고 인사이트도 많이 얻을 수 있었습니다.

카멜백의 성공을 이끈 일등공신은 '타마고 샌드위치'입니다. 카멜백은 이 샌드위치로 대박이 나면서 창업하자마자 핫플레이스가 되었습니다. 실내에 먹을 곳이 없어서 매장 앞 골목에는 서서 샌드위치를 먹는 사람들로 북적일 정도입니다. 그런데 이곳의 타마고 샌드위치는 이름이 특이합니다. 다른 가게들은 보통 '타마고 샌드'라고 메뉴를 써 놓는데, 이곳은 '초밥집 계란 샌드위치'라고 써 두었습니다.

카멜백의 샌드위치 담당인 나루세 하야토 씨는 전직 초밥 요리사였습니다. 초밥 요리사의 실력을 가늠하는 잣대는 계란말이 초밥이라는 말이 있을 정도로 계란말이는 초밥 요리사들의 수행 중 매우 중요한 부분을 차지한다고 합니다. 사실 하야토 씨가 초밥 요리사로서 어느 정도의 경력과 실력, 명성을 가졌는지는 알 수 없습니다. 물론 비요리사 출신이 만든 것보다는 훨씬 맛있겠지만, 그 맛이 유명세를 만들었다고는 생각하지 않습니다.

"야 너 시부야에 새로 생긴 카멜백이라고 알아? 거기 타마고 샌드위치 진짜 맛있어."

"타마고? 그거 우리 동네에도 있는데, 너희 집 근처에도 있지 않아?"

"있지. 근데 이 집은 찐이야. 여기 사장님이 전직 초밥 요리사였대!"

"우와 그래? 그럼 계란말이 하나는 끝내주게 잘하겠네."

"그렇지. 정말 차원이 다른 맛이라니까."

"그래서 '초밥집 계란 샌드위치'구나. 주말에 시부야 가자. 가서 먹어보자."

카멜백 샌드위치는 세상 그 어디보다 맛있는 타마고 샌

드위치를 만들어서 유명해진 것이 아니라, '전직 초밥 요리사가 만드는 계란말이'라는 이야기의 힘으로 다름을 만들었기에 유명해진 것입니다.

삶의 중요한 사건이나 경험을 공간과 서비스, 제품에 녹여내는 것은 흔한 방법이긴 합니다만 그만큼 확실한 것도 없습니다.

창업자 개인의 스토리가 매장과 브랜드의 다름을 만드는 가장 근본적이고 좋은 재료라고 이렇게 말씀을 드리면, 대부분 뭔가 특별하거나 성공적인 경험을 한 사람의 이야기를 떠올립니다. 그리고 이렇게 물으시는 경우가 있습니다.

"저는 성공한 적이 없어서 풀어낼 만한 좋은 이야기가 없는걸요. 어떡하면 좋죠?"

성공담만이 스토리는 아닙니다. 실패나 좌절했던 일도 삶의 일부이고, 이를 통해 충분히 다름을 만들어낼 수 있습니다. 제가 아는 카페 대표님의 이야기를 들려드리겠습니다.

그분은 꽤 오랜 시간 카페를 운영하셨습니다. 열심히 했는데 기대한 만큼 잘되지 않았다고 합니다. 결과가 좋지 않으니 사업적인 어려움도 있었지만, 무엇보다도 심리적으로 위축되셨다고 합니다. 카페로 한번 놀러오겠다는 친구들의 연락이 부담스러웠고, '내가 이런 걸 하고 있다'라고 보여주기가 부끄러웠다고 합니다. 나름의 노력을 이어갔지만 개선되지 않았고, 급기야 매장 운영을 중단하게 되었습니다. 꿈을 위해서 열심히 달려왔던 기억이, 오히려 지우고 싶은 기억이 되어 버린 겁니다.

얼마간의 시간을 보낸 후, 다시 카페를 열기 위한 준비에 들어가셨다고 합니다. 커피 공부도 하고, 디저트 수업도 듣고, 각종 세미나에도 참석하셨습니다. 그러는 중에 저희가 진행하는 세미나에도 참석하시게 되었고, 이를 계기로 만남이 이어지게 되었습니다. 대표님께서는 창업과 운영에 대한 그간의 이야기와 현재 상황, 앞으로의 계획과 바람, 지금의 심정에 대해서 아주 솔직하게 이야기해 주셨습니다. 그러면서 스스로 채우기 어려운 부분들을 도와달라고 요청하셨고, 함께 새로운 시작을 준비하기로 했습니다.

다름을 만들어가기 위해서 제가 창업자와 처음 하는 작업은 자신의 삶과 생각을 스스로 살펴보게 하는 것입니다. 이를 위해 저는 창업자분께 질문지를 보내드립니다. 추억, 취향, 꿈, 성격, 장단점, 성향 등 자신의 정체성에 대한 여러 가지 질문들을 던집니다. 꽤 오랜 시간 공을 들여서 꼼꼼하게 답변을 적어 보내주시면, 그 내용을 읽고 나서 다시 대화를 합니다. 글로는 느끼지 못했던 감정도 전해지고, 좀 더 구체적이고 솔직한 생각도 들을 수 있습니다.

대표님께서 적어 주신 답변 내용을 읽고, 여러 차례 만나서 대표님과 대화를 이어가다 보니 대표님께서 이 사업을 통해 이루고 싶은 것은 경제적인 안정보다, 자존감의 회복이라는 생각이 들었습니다. 실패와 좌절을 딛고 일어서서, 다시금 꿈꾸고 노력하는 나로 돌아가는 것이 더욱 중요한 문제였던 것입니다.

창업자 개인의 필요와 결핍에서 출발한 컨설팅이지만, 대표님과 비슷한 감정을 느끼고 같은 바람을 가진 사람들이 있을 거라고 생각했습니다. 일과 일상에 지쳐 있고, 실패와 좌절을 겪고 있으며, 길을 찾지 못해 헤매고 있는 사람들. 그들에게 힘과 용기를 주는 공간과 브랜드를 만들기로 했습니다.

바다가 보이던 큰 창은 벽으로 다 막아서 2층 전체를 어둡게 만들었습니다. 자신과 오롯한 시간을 보낼 수 있도록 다인용 테이블은 치우고 전부 1인용 테이블로 바꿨습니다. 테이블 간격은 넓게 두었고, 모르는 사람과 시선이 마주치지 않도록 벽을 향해 배치하였습니다. 나란히 이어지는 자리는 헝겊과 천으로 막아서 공간을 분리하였습니다. 자리마다 책과 노트가 준비되어 있고, 편지지와 봉투도 제공됩니다. 따뜻한 차와 커피, 정성스럽게 만든 디저트를 먹으면서 주어진 시간을 온전히 나를 위해, 나와 함께 보냅니다. 책을 읽을 수도 있고, 노트에 쓰고 싶은 말을 적어도 됩니다. 나에게 하고 싶은 말을 편지에 써서 우체통에 넣으면 몇 주 후 받아볼 수 있도록 발송해 줍니다.

이 공간이 문을 연 지 이제 2년을 향해 가고 있습니다. 어찌 보면 긴 시간은 아니었는데 정말로 많은 사연이 방명록과 SNS에 쌓이고 있습니다. 그것들을 볼 때마다 대표님께서는 정말로 많은 보람과 행복을 느낀다고 하십니다. 여느 카페들처럼 즐겁고 떠들썩한 분위기를 즐기지는 못하지만, 일상에서 마음의 길을 잃은 사람들에게는 더없이 안전하고 편안한 시간을 선사해 주고 있다는 사실이 벅차고, '내가 하는 일이 정말 가치 있는 일이구나!'라는 생각도 자주 하신다고 합니다.

이 카페는 여러모로 다름을 가진 카페입니다. 이곳의 다름은 창업자의 삶을 통해 만들어졌습니다. 화려한 경력이나 성공한 삶을 담은 것이 아니라 실패와 좌절에서 깨달은 것들을 담았습니다. 섣부른 낙관도 성급한 비관도 하지 말고, 자신의 삶을 찬찬히 살피다 보면 다름을 보여줄 수 있는 나만의 스토리를 찾으실 수 있을 겁니다.

두 번째, 수제

카페에서 음료를 만드는 데 사용하는 재료 중에는 공산품이 많습니다. 천연 재료를 가공하고 여러 가지 첨가물이 더해져 액상이나 분말의 형태로 만들어집니다. 일일이 재료를 손질하거나 씻을 필요가 없고 맛의 변화나 변질도 거의 없어 보관도 용이합니다. 물이나 우유에 타면 쉽게 음료를 만들 수 있어서 많이 사용합니다. 과학적이고 위생적인 관리하에 만들어진 것이라서 유통기한을 잘 지켜 사용하면 안전에 대한 걱정도 없습니다. 기술이 계속 발전해서 맛도 점점 좋아지고 있고, 무엇보다 늘 일률적인 맛을 낼 수 있다는 점도 강점입니다.

실제로 저희 세 번째 매장에서 있었던 일입니다. 저희는 오래전부터 레몬, 자몽, 사과, 딸기, 귤 등의 과일청을 직접 만들어서 사용해 왔습니다. 늘 그래왔기에 특별할 것은 없었습니다. 해보신 분들은 알겠지만, 수제로 뭔가를 만든다는 것이 재료 구매, 손질, 제조, 관리까지 매우 성가십니다.

첨가물이나 방부제를 넣지 않으니 보존 기간도 길지가 않아서 과발효되어 못 쓰는 경우도 있습니다.

그런데 들이는 정성이 무색하게도 과일차는 잘 팔리지 않았습니다. 무엇이 잘못되었을까 고민하다가, 메뉴판에 '수제'라는 두 글자를 추가했습니다. 어떻게 되었을까요? 이후로는 레몬차와 자몽차의 판매가 많이 늘었습니다. 유자차를 골랐다가도 "어? 레몬차는 수제네!"라고 하면서 주문을 바꾸시는 분들도 많았습니다.

왜 사람들은 수제를 선호할까요? '수제'라는 말을 어떻게 인식하고 있는 걸까요? '수제'라고 하면 자연스럽게 '위생적이다', '정성스럽다', '특별한 비법이 있다', '안전한 먹거리다', '몸에 좋다'라는 인식을 갖게 됩니다. 이유야 무엇이든 간에 수제가 공산품보다 '더 좋은 것'이라는 인식이 있는 겁니다. 그런데 실제로 수제는 공산품보다 더 나은 걸까요?

오랫동안 식음료 관련 일을 하다 보니 다수의 사람들이 좋아할 맛을 만들어낸다는 것이 얼마나 어려운지를 늘 깨닫게 됩니다. 그런데 라면은 어떤가요? 각기 선호하는 제품은 다르겠지만, 누구든 원하는 제품을 골라 설명서에 따라서 끓이면 '세상에, 이처럼 완벽한 맛이 또 있을까!' 싶은 만족감을 줍니다. 오랫동안 수행해 온 요리사들도 라면에는 두 손을 듭니다. 맛뿐인가요? 오염의 위험성을 최대한 줄인 자동화 시설에서 위생적으로 만듭니다. 제품마다 특별한 맛을 만들어내기 위해서 해당 분야의 박사님들이 열과 성을 다해서 만듭니다. 보통 라면은 몸에 해로운 것으로 간주되지만, 염도가 높은 것을 제외하면 영양 밸런스 측면에서 오히려 아무거나 챙겨 먹는 것보다는 우수하다는 게 전문가들의 견해입니다. 영양성분도 재료도 공개되어 있습니다. 위생, 비법, 정성, 안전, 건강 등 여러 방면에서 공산품은 수제보다 더 많은 장점이 있습니다.

그런데도 사람들은 공산품보다 수제에 더 높은 가치를 부여합니다. 그 이유는 다름에 있습니다. 수제로 무언가를 만드는 순간, 이 집만의 비법, 레시피, 손맛이 담긴 다른 무언가가 됩니다. 기호에 안 맞을 수는 있겠지만, '아, 이건 수제니까.' 하고 수용할 수 있습니다. 혹은 입맛에 잘 맞으면 '역시 수제라 다르고, 깊은 맛도 나고, 정성도 느껴지네.' 하고 긍정적으로 받아들여집니다.

가끔 온라인에서 이름난 회사의 제품의 김치나 호텔에 납품이 된다는 고가의 김치를 구입해 먹어보면 정말 맛있습니다. 저희 어머니께서는 "사는 김치도 맛있네."라고 하십니다. 그러나 저는 달리 생각합니다. '사는 김치가 역시 맛있네.'

가정에서는 일 년에 한 번 김장을 하고, 김치가 떨어질 것 같으면 새로 담급니다. 집에서 하는 김장은 잘되는 해가 있고, 망치는 때도 있습니다. 올해 김장은 망쳤다고 씁쓸해 하시던 어머니의 표정이 생각납니다. 그런 해에는 겨우내 김치를 볶아 먹고 지져 먹으며 한 철을 견뎌야 합니다. 그에 비하면 매일 김치를 담그고, 김치만 생각하고, 연구하고 발전시켜 온 식품회사의 김치가 당연히 더 맛있을 수밖에 없습니다. 맛만 생각한다면 전문회사의 김치가 더 잘 만든 김치라는 생각이 듭니다.

하지만 저는 어머니의 김치가 더 좋습니다. 특별한 비법이 있는 것도 아니고, 아주 좋은 재료를 쓰는 것도 아닙니다. 언제는 짰다가 언제는 싱겁기도 합니다. "맛의 절반은 기억"이라는 말이 있습니다. 애초에 엄마의 김치는 정확한 계량으로 만들어진 것이 아니기에, 레시피가 있다고 만들 수 있는 맛이 아닙니다. 엄마 김치의 가치는 수제라서 만들어지는 다름 때문에 특별한 가치가 생긴 것입니다.

수제는 사실 어렵습니다. 번거롭고 수고로운 방식입니다.

그런데 수제로 뭔가를 하다 보면 느끼는 것이 있습니다.

'이거 억지로는 못하는 거구나. 내가 정말 좋아하는 것이어야 하고, 꿈과 연결되어 있어야 열정도 생기는 거고, 힘들어도 버틸 수 있는 거구나.'

그래서 다시금 지친 마음과 몸을 추스르고 사서 고생을 반복하게 됩니다. 그러다 보면 수제에 공감해 주는 사람들을 만납니다. 자신이 소비하는 제품이나 서비스, 공간에 사람이 담겨 있기를 바라는 사람들입니다. 사람들이 수제를 통해서 얻고 싶은 가치는 결국 사람이 아닌가 하는 낭만적인 생각을 해 봅니다.

수제는 매력적입니다. 다름을 만드는 좋은 방식입니다. 커피, 디저트를 만드는 일뿐만 아니라, 셀프 인테리어, 직접 찍은 사진, 취향을 담아 고른 플레이 리스트, 공들여 수집한 빈티지 잔… 이 모든 것이 넓은 의미의 수제가 아닐까 싶습니다.

세 번째, 비효율
제 아내는 바리스타로 일한 경험은 없지만, 카페를 하

는 남자와 결혼한 덕에 카페 일을 많이 합니다. 커피에 관한 일은 아니고, 주로 매장에 필요한 오브제나 잔, 접시 등의 테이블웨어, 조명, 식물 등을 고르는 일을 합니다. 본업이 아님에도 불구하고 오래 하다 보니 어느새 안목이 높아지고, 아내의 손을 거친 결과물은 퀄리티가 더 좋아졌습니다. 네 번째 매장과 첫 번째 매장 리뉴얼의 공간 데코레이팅은 대부분 아내의 솜씨입니다. 그 밖에도 시즌행사를 할 때 선물 패키지를 만드는 일이나 메뉴 플레이팅, 테이블 세팅도 거의 아내의 솜씨로 채워집니다. 그런데 실력이 늘수록 솔직히 저는 피곤함을 느끼게 되었습니다. 화분의 위치, 방향, 접시의 위치, 조명의 톤, 책의 두께까지 고려할 정도로 아내는 날이 갈수록 더욱 세심해지고 까다로워졌습니다. 처음에는 그저 도와주는 것만으로도 감사한 마음이었는데, 점점 기준이 높아지니 힘이 들었습니다. 그래서 저는 종종 "뭘 이렇게까지 해요. 지금도 괜찮은 것 같은데? 충분하지 않아요?"라며 소심한 저항을 해 봅니다. 그러면 아내에게 이런 답이 돌아옵니다.

"이걸 그냥 이렇게 하겠다고요? 성의 없게? 손님들께 드리는 걸?"

다름을 만드는 또 하나의 방법으로 제안해 드리는 것은 '비효율'입니다.

무언가를 하거나 원하는 결과를 얻음에 있어서 재료, 에너지, 노력, 돈, 시간 등을 낭비하지 않는 것을 우리는 효율적이라고 합니다. 그렇다면 비효율은 생산에 필요한 요소들을 낭비한다는 뜻일까요? 제 아내의 가르침을 인용하여 정의해 보자면, 비효율이란 '성의 있게 하는 것'입니다. 좀 더 쉽게 풀어내자면 누가 봐도 '손이 많이 갔구나, 쉽게 만들 수 있는 것이 아니구나.' 싶은 것입니다.

예전에 차분하고 정갈한 분위기의 카페에서 아이스티를 주문한 적이 있습니다. 메뉴판에 '수제', '시그니처' 등의 수식이 붙어 있어서 호기심이 생겼습니다. 그 아이스티는 이렇게 만들어졌습니다.

먼저 주문을 받은 후 차를 우리기 시작합니다. 그렇게 내린 차는 셰이커에 담아 얼음 수조에서 차게 식힙니다. 충분히 차가워지면 얼음을 가지런히 담은 잔에 붓습니다. 그리고 수제 과일 시럽을 넣은 후, 핀셋으로 로즈마리, 레몬, 블루베리를 집어 장식을 합니다.

정성스러운 과정만큼이나 예쁜 아이스티 한 잔이 나왔습니다. 시럽과 차가 분리되어 있어서 잘 섞어서 마시라는 친절한 안내도 좋았습니다. 섞는 일이 쉽진 않았지만 저는 그래도 바리스타니까 훌륭하게 해냈습니다. 주문 후 첫 모금을 마시기까지 시간이 좀 걸렸는데, 사실 맛이 그렇게 좋지는 않았습니다. 그러나 매력적이었습니다. 그 시간과 공간, 바리스타까지, 모든 것에 대한 기억이 다 좋았습니다. 정성이 느껴졌기 때문입니다. 근처를 지날 일이 있다면 또 가보겠다고 생각했습니다.

사실 사람들이 흔히 좋아하는 아이스티는 만드는 방법이 아주 간단합니다. 아이스티 파우더를 물에 녹이기만 하면 됩니다. 회사마다 제품이 다르긴 하지만 크게 상관은 없습니다. 늘 일정한 맛이 나고, 재료는 몇 달씩 보관해도 맛이 변하거나 썩지 않습니다. 만드는 사람 입장에선 아주 효율적입니다. 비용, 시간, 관리, 모든 측면에서 그렇습니다. 그런데 이렇게 효율적인 아이스티로는 어떤 다름을 보여주긴 어렵습니다. 다른 카페에서도, 심지어 집에서도 똑같은 아이스티를 만들 수 있기 때문입니다.

소매점에서 비효율의 힘을 보여주는 것으로는 포장을 예로 들 수 있겠습니다. "포장이며, 마케팅이며 겉으로 보이는 것이 뭐가 중요합니까? 저는 맛으로 진정성을 전달하고 싶어요."라고 하는 분들도 계시겠지요? 저도 한때 그랬습니다. 그런데 제가 식음료 시장에서 커피와 디저트로 10년 가까이 일해오고 요즘의 현장을 보면서 느끼는 것은, 이제 웬만한 곳은 거의 다 맛있다는 겁니다. 소비자를 만족시키기에 충분히 맛있는 곳이 너무나 많다는 뜻입니다.

저희 매장이 있는 연남동과 인근의 연희동에는 많은 디저트샵들이 있습니다. 같은 품목을 비슷한 가격대에서 판매하는 경우, 제품의 퀄리티는 크게 차이나지 않습니다. 각자 특별히 잘하는 메뉴나 특색있는 메뉴가 있을 수는 있지만 대체로 상향 평준화되어 있다고 생각합니다. 대부분의 매장이 좋은 제품을 만들 수 있고, 그런 매장이 이렇게 많은 상황에서 어떻게 맛만으로 진정성을 전달할 수 있을까요? 다른 면에 좀 더 정성을 들여야 합니다.

제품이 하찮은데 포장이 정성스러운 경우는 거의 없습니다. 오히려 제품은 우수한데 포장이 아쉬운 경우는 많습니다.

모 디저트샵은 맛도 맛이지만 패키지의 정성으로도 유명합니다. 몇천 원 하는 조각 케이크 하나를 먹으러 갔다가 정성 가득한 패키지를 보고 나서 몇만 원짜리 선물용 세트를 구매하게 된다는 이야기를 들은 적이 있습니다. 하루는 제가 세미나에서 이 이야기를 언급한 적이 있는데, 마침 그 자리에 해당 매장의 파티시에 한 분이 계셨습니다. 그분은 이야기를 듣더니, 실제로 매장의 셰프님께서 가장 신경 쓰는 것이 패키지라고 말씀하셨습니다. 리본의 위치, 상자의 방향, 함께 묶어주는 장식용 식물의 상태 등 포장을 아주 세심하게 관리한다고 하십니다. 포장이 제품을 선택해 주신 소비자에 대한 감사이자, 제품에 담긴 정성을 표현할 수 있는 수단이 되는 것입니다.

디저트 하나를 만드는 일도 고된데, 때때로 '이렇게까지 해야 하나' 싶은 생각이 들 수 있겠지만, 이런 비효율, 즉 성의 있는 패키지는 확실히 다름을 보여 주고 고객들에게 매력적으로 전달됩니다.

이런 사례도 있습니다. 최근 몇 년 전부터 유행하는 크리스마스 아이템이 있습니다. 슈톨렌이라는 독일의 크리스마스 빵인데, 맛도 맛이지만 일 년 내내 먹을 수 있는 빵이 아니기에 꽤 인기가 많습니다. 12월이 되면 빵집마다 저마다의 슈톨렌을 내놓습니다. 시즌 메뉴이다 보니 선물용으로 구매하는 경우가 많습니다. 그렇기에 슈톨렌을 만드는 일만큼 포장에도 많은 공을 들입니다. 어느 회사에서는 슈톨렌을 포장하기 위해서 매년 새로운 디자인의 틴케이스를 제작합니다. 디자인이 예뻐서 따로 구매하는 분들이 많습니다. 튼튼한 케이스에 담겨오니까 빵이 망가질 일도 없고 예쁜 굿즈도 생기니 기분이 좋을 겁니다. 아마 포장을 하는 입장에서도 효율적일 거라 생각합니다.

그런데 이 회사는 여기에 엄청난 비효율을 더합니다. 각 케이스마다 직원들의 손편지가 들어 있습니다. 편지라고 해서 편지지 하나 가득 구구절절한 이야기를 쓰진 않았을 겁니다. 그러나 분량이나 내용은 크게 중요하지 않습니다. 정말 특별한 관계가 아니라면 손편지를 쓰는 일은 무척 드물죠. 아주 특별하게 느껴졌을 거라 생각합니다. 게다가 1,000건에 달하는 생산량에 일일이 손편지를 준비해 넣다니, 이런 비효율이 또 없습니다. 그러나 패키지의 목적이 설렘을 주는 데 있다는 점을 생각할 때, 손편지의 효과는 아주 극적입니다. 비효율은 제품에 담긴 노고와 진정성을 떠오르게 하고, 브랜드에 대한 지속적인 관심을 갖게 합니다.

비효율로 다름을 보여 주기 위해서는 과정을 잘 보여 주는 것이 또한 중요합니다. 정성을 들이느라 늦는 거지, 딴 짓을 하느라 늦는 게 아니라는 것을 보여 줄 필요가 있습니다. 과정을 잘 볼 수 있도록 오픈 바, 오픈 주방, 투명한 베이킹 룸을 만드는 것은 익숙한 방식입니다. 만드는 과정을 보다 보면 기다림은 기대감으로 바뀌게 됩니다. 과정을 보는 것 자체가 경험이 되니까, 기다림에 좀 더 관대해질 수도 있습니다.

다만 모든 일을 비효율적으로 하면 과부하가 걸리기 때문에 고객과의 직접적인 접점이 생기지 않는 일들은 효율적으로 처리하는 것도 필요합니다. 자동 커피머신, 식기세척기 등의 장비를 쓴다거나, 특정 분야의 일은 전문업체에 비용을 들여서 처리한다거나 하는 보완이 필요합니다.

작은 규모의 매장의 생산성에는 한계가 있습니다. 그렇기에 많이 만들기보다는 가치 있는 것을 만들어낼 필요가 있습니다. 제품의 질로 나음을 증명하는 일은 어렵고, 실력과 명성이 쌓이기 전에 제품의 가치를 올릴 방법은 많지 않습니다. 그럴 때 비효율로 제품과 서비스에 대한 진정성을 더할 수 있습니다.

제 아내는 자주 이런 이야기를 합니다. 세상에 좋은 것들은 손이 많이 가거나 돈이 많이 들어간 것이라고. 비효율은 다름을 통해서 소비자들의 이목을 끌 수 있는, 힘들지만 현명한 방법입니다.

네 번째, 비주얼
다름을 보여 주는 가장 익숙하고도 효과적인 방식은 '비주얼'입니다. 너무 당연한 이야기입니다. 다름을 가장 쉽고 빠르게 인지하는 기관은 눈이기 때문입니다. 시각적인 요소가 풍부한 가게는 인기가 많습니다. '가찍비가 좋다'는 말 아시나요? 제가 만든 말이라서 모르실 겁니다. '가격 대비 찍을 것이 많다'는 뜻입니다. 맛이라는 요소로 특별함을 보여주는 것보다는 찍을거리로 특별함을 보여주는 것이 훨씬 효과적입니다. 맛은 감각적으로 느끼는 데서 끝나지만, 찍을거리는 사진으로 기록되고 SNS를 통해 공유되고 확산된다는 점에서, 다름을 보여주기에 가장 확실한 방법입니다.

찍을거리가 많은 곳, 다른 곳에는 없는 비주얼적 요소가 있는 곳은 사람들에게 주목을 받습니다. 출입문, 창문, 벽지, 커튼, 가구, 조명, 식기, 조명, 오브제, 비품, 유니폼 등 공간 안에 존재하는 모든 것이 찍을거리입니다. 그렇기에 이러한 요소들을 구성하고 배치할 때, 이것은 손님들에게 제공하는 하나의 콘텐츠라고 생각할 필요가 있습니다.

손님들에게 찍을거리를 많이 제공해 주는 것이 좋습니다. 보통 사이즈의 잔에 커피 한 잔이 담겨 나가는 것보다, 작은 잔과 작은 서버에 나눠서 나가는 게 좋습니다. 시즌 한정 메뉴나 시그니처 메뉴에는 그 메뉴를 소개하는 카드를 같이 제공하는 것도 좋습니다. 작은 생화나 드라이플라워를 잔 받침에 올려드리는 것도 좋을 것입니다. 각설탕이나 스틱 설탕 대신에 작은 저그에 설탕을 담아 드리는 것도 좋겠습니다. 어떤 메뉴들은 직접 테이블에서 만드는 것을 보여드리는 것도 좋습니다. 생크림을 부어드리면서 메뉴에 대한 설명을 해 주거나, 토치를 이용해서 설탕, 치즈 등을 녹이는 과정을 보여드리는 것도 손님의 입장에서는 사진이나 동영상을 찍기에 좋은 요소가 됩니다. 그 밖에도 브랜드의 아이덴티티를 담은 스티커를 만들어서 제공하는 것도 시각적인 요소를 제공하는 방법 중 하나입니다.

공간에 어울리는 오브제를 구하고, 적절하게 배치하는 일에는 미적 감각이 필요합니다. 그래서 전문가에게 의뢰하거나 감각이 좋은 사람의 도움을 받는 것도 좋습니다. 다만, 누군가에게 맡기더라도 결정은 창업자 본인이 해야 하므로, 평소에 관련 분야에 대한 안목을 키울 필요가 있습니다. 미적 감각은 타고나는 것이라 생각하는 사람들도 있지만, 모든 감각이 그렇듯 훈련을 통해서 충분히 발달시킬 수 있습니다. 사람들이 많이 찾는 공간 중에서 비주얼적인 요소로 주목받는 곳들을 탐방하여 자세히 관찰하고, 인스타그램 인플루언서들의 계정을 팔로우하여 게시물들을 눈여겨보고, 필요에 따라 스크랩해 놓는 것이 도움이 됩니다. '핀터레스트'와 같은 스크랩 서비스를 통해서 원하는 이미지를 수집해 두는 것도 방법이 될 수 있습니다.

창업 예산이 넉넉하다면 자신이 생각하는 콘셉트에 맞게 좋은 제품들을 많이 살 수 있겠지만, 현실적으로 그렇지 못한 경우도 많습니다. 어쩔 수 없이 매장의 상황, 여건 등에 따라서 예산 우선순위가 생길 수밖에 없습니다.

비싼 오브제를 구매하기 어렵다면, 잘 디자인된 전용 머그잔이나 꼭 챙겨가고 싶을 정도의 예쁜 테이크아웃 컵을 제작하여 찍을거리를 제공해 봅시다. 제가 아는 모 카페는 오픈을 앞두고 주문한 컵이 도착하지 않아서 대안으로 기본 컵에 간단한 그림을 그려 드리기 시작했다고 합니다. 그냥 2, 3초면 뚝딱 그릴 수 있는 간단한 그림이었는데, 손님들이 이걸 재밌어하면서 결국 그 그림이 카페의 시그니처가 되었습니다. 이 컵에 음료를 받고서 바닷가를 배경으로 인증샷을 찍는 것이 하나의 공식이 되었습니다. 처음부터 의도한 것은 아니었지만, 비주얼을 통해서 다름을 보여 준 좋은 사례라 생각합니다.

비주얼로 다름을 보여 주는 보편적인 방법은 인테리어입니다. 인테리어는 정말 비용도 많이 들고, 한번 해 두면 바꾸기도 쉽지 않아서 창업에 있어서 가장 큰 고민거리입니다. 그런데 요즘은 재밌는 사례들이 많이 생기고 있습니다.

소비자가 적극적으로 찍을거리를 찾는 경향이 생기면서 '벚꽃 맛집'이니, '목련 맛집'이니 해서 나무 한두 그루로 그 장소가 핫플레이스가 되는 경우가 있습니다. 일부러 조경한 것이 아닌, 옆집에서 심어 놓은 벚나무 덕을 톡톡히 보는 경우도 있습니다. 창밖의 가로수 위치가 좋아서 자연스럽게 포토존이 생기는 경우도 있습니다. 도시 한복판 오래된 빌딩 4, 5층에 카페를 만들어 '풍경 맛집', '옥상 맛집'에 등극한 가게도 많습니다.

새로운 가게를 열면 손님들의 이목을 끌어야 하므로 보통 파사드(매장이나 건물의 정면 혹은 얼굴)에 공을 많이 들입니다. 기존의 벽을 허물고 전면을 유리로 바꿔서, 내부가 잘 보이게 하는 방법이 가장 고전적인 방식입니다. 그런데 요즘은 오히려 내부가 잘 보이지 않는 폐쇄적인 익스테리어로 특색 있는 파사드를 만들기도 합니다. 혹은 이전 가게에서 쓰던 간판을 떼지 않거나, 기존의 가게를 살려둔 채 새로운 가게를 오픈하여 주목을 받는 경우도 있습니다. 간판은 전파사, 피아노 교습소, 세탁소인데 안에는 우동 가게,

카페, 카레 집이 있는 경우가 대표적입니다.

특이한 외관이나 좋은 뷰의 매장을 찾는 일이나 특별한 인테리어를 하는 일이 쉽지는 않습니다. 이미 임대를 하고, 인테리어까지 마쳤거나, 매장을 운영해 온 상황이라면 변화를 주기 어렵습니다. 이럴 때는 아주 간단한 요소, 즉 음료나 메뉴의 비주얼을 통해서 다름을 주는 것도 좋은 방법입니다.

탄생 비화는 알 수 없으나, 몇 년 전 모 카페에서 잔보다 많은 용량의 커피를 담아서 흘러넘치는 카푸치노를 선보였습니다. 아시다시피 카푸치노는 에스프레소와 따뜻한 우유, 부드러운 거품을 혼합하여 만드는 커피 메뉴인데, 이때 우유 거품을 풍성하게 올리더라도 깔끔하게 담아냅니다. 그런데 이 메뉴는 커피가 흘러넘쳐서 잔을 타고 흐르고 심지어는 잔 받침에 고일 정도입니다. 이 메뉴의 이름은 '더티 카푸치노'입니다. 특별한 커피나 우유, 시럽을 사용하는 것은 아니었습니다. 기존의 카푸치노와는 다른 맛이 나는 것도 아니었습니다. 다른 것은 오직 모양뿐이었습니다.

이런 담음새에 호불호는 분명 있겠지만, 결과적으로는 대히트를 쳤습니다. 너도나도 이 파격적인 모양의 커피를 만나기 위해서 이 카페에 방문했고, 사람들은 더티 카푸치노의 사진을 SNS에 올리기 시작했습니다. 이 메뉴의 성공으로 해당 카페는 단숨에 유명한 카페가 되었고, 다른 카페들도 '오버 카푸치노'니 '플로우 카푸치노'니 하는 이름을 붙여 잔에서 넘쳐 흐르는 음료 메뉴를 출시하였습니다. 재료나 맛은 같은데, 보이는 것을 다르게 해서 사람들에게 설렘과 재미를 주었던 사례입니다.

고객에게 다름을 드러낼 수 있는 가장 직관적인 방법은 역시 비주얼입니다.

다섯 번째, 제한

벚꽃이 일 년 내내 피어 있다면 따로 벚꽃놀이를 가진 않을 겁니다. 단풍철이 육 개월 동안 이어진다면 풍경 사진을 덜 찍게 될 것입니다. 일 년 내내 맛있다면, 방어나 전어가 그렇게 인기를 끌 수 있을까 싶습니다. 제주도가 마포대교 중간쯤에 걸쳐 있어서 언제나 가기 쉽다면, 사람들이 동경하는 휴양지가 되긴 어려웠을 겁니다.

사람들은 제한이 없는 편리함을 좋아하면서도, 제한이 주는 매력을 사랑합니다. 제한 자체는 불편하지만, 거기에 맥락과 이유가 있다면 더 특별한 감흥을 얻습니다.

디저트로 사랑받는 카페가 있습니다. 케이크와 구움과자, 커피와 음료가 나온다는 점에서 여느 카페와 크게 다를 바는 없습니다. 디저트가 맛있지만, 맛과 모양이 완전히 색다르진 않습니다. 사장님의 스토리나 경력을 자랑삼는 곳도 아닙니다. 매장에서 직접 디저트를 만들어서 신선하고 품질이 좋지만, 그걸 이곳만의 특별함이라고 강조하기는 어렵습니다.

그런데 이 가게에는 한 가지 다른 점이 있습니다. 매월 디저트가 바뀐다는 것입니다. '3월의 맛', '5월의 맛', '9월의 맛', 이런 식으로 디저트를 소개합니다. 매달 디저트의 라인업을 바꾸면서 제철 재료를 사용하는 식으로 계절감을 담기도 합니다. 1월의 케이크는 2월에는 먹을 수 없습니다. 9월에 맛있게 먹었던 케이크를 다시 먹으러 왔는데 이제는 10월이라서 못 먹는다고 합니다. 먹고 싶은 메뉴를 아무 때나 가서 먹을 수 없다는 게 고객의 입장에선 아주 불편한 일인데, 오히려 그 점이 이 가게를 특별하게 만들어주었습니다. 소비자들에게 색다른 경험을 준 겁니다. 3월의 맛이 아주 만족스러웠습니다. 4월의 맛이 기대되어서 또 가게를 찾아갑니다. '5월의 맛도 즐기고 싶었는데 바빠서 못 갔으니, 6월에는 꼭 가야지.'라고 생각합니다. 일 년이 지나고 '그래, 작년 2월에도 이걸 먹었었지. 작년 7월도 좋았는데

올해 7월 메뉴도 좋네!'라고 생각할 수 있는 경험과 추억이
쌓이게 됩니다.

물론 콘셉트만으로 잘될 수는 없을 것입니다. 처음에 왔
을 때의 경험이 만족스럽지 않았다면 재방문으로 이어지지
않았을 겁니다. 재방문했다는 것은 소비자가 설득될 만큼
의 맛과 서비스를 갖추었다는 의미입니다.

이 가게가 매장을 한 번 옮겼습니다. 이전 후 가오픈 기
간에 방문할 기회가 있었습니다. 정식 오픈이 아님에도 불
구하고 많은 사람들이 찾아왔습니다. 손님들과 사장님이
인사하는 장면이 아주 인상적이었습니다. 손님과 사장님의
관계라기보다는 깊은 우정을 나눈 친구이거나, 오랜만에
만난 사이 좋은 가족 같은 느낌이었습니다. 적어도 그날 제
가 본 손님들은 이 매장과 브랜드와 사장님의 팬일 겁니다.
재방문을 넘어서 팬이 되는 일은 흔치 않습니다. 오랜 교류
와 신뢰가 쌓여야 가능한 일입니다.

위 가게는 고객들에게 좋은 가게가 되기 위한 요소를 많
이 가진 곳입니다. 그런데 이런 맛, 서비스와 같은 요소를
해당 매장만 가진 것은 아닙니다. 그럼에도 불구하고 이 매
장을 다르게 만들어 준 것은 제한의 매력입니다. 이때가 아
니면 먹을 수 없다는 희소성이 사람들의 마음을 움직인 것

입니다.

제한은 소비자에게 '집중'이라는 의미로 전달될 수 있습니다. '잘하는 것에 집중하는구나'라는 생각을 하게 만듭니다. '하루에 100그릇 한정판매'라는 문구를 보면, '주방이 작은가? 손이 느린가?' 이런 생각을 하진 않습니다. 오히려 '100그릇밖에 안 나오는 귀한 것'이라는 생각을 하게 됩니다.

제한이 기대감, 공감, 이해로 이어지기 위해서는 제한을 하는 이유가 잘 전달되어야 합니다.

'재료의 품질이나 신선도 때문에 특정한 시기만 먹을 수 있습니다.'
'모든 것을 수제로 만들기 때문에 생산량이 많지 않습니다.'
'우리의 다음 세대와 지구와 환경을 위해서 일회용품을 쓰지 않습니다.'

이렇게 명분과 맥락이 있다면 제한은 상품의 가치와 매력을 부각해 다름을 만드는 좋은 방법이 됩니다.

오프라인 공간과 인테리어

앞에서 언급했듯, 창업에 있어서 인테리어는 중요하고도 어려운 과제입니다. 특히 공간이 가진 매력이 큰 힘을 발휘하는 카페의 경우에는 더 그렇습니다. 실제로 장사가 잘되는 매장들은 거의 다 멋진 인테리어를 뽐내고 있기에, 카페의 성패가 인테리어에 달려있다고 믿는 사람들도 많습니다.

하지만 제 생각은 다릅니다. 카페의 성패는 소비자에게 비일상을 줄 수 있느냐 없느냐에 달려 있습니다. 비일상을 통해서 감정적인 혜택을 주기 때문에 잘되는 것이지, 인테리어 때문에 잘되는 것이 아닙니다. 멋진 인테리어를 통해서 얼마간은 주목을 받을 수 있겠지만, 아무런 메시지도, 가치도, 설렘도 주지 못하면 금방 잊히게 됩니다.

인테리어는 비일상을 전달하기 위한 장치입니다. 그렇기에 인테리어는 어떤 감정적인 혜택을 줄 것인지에 따라서 달라져야 합니다. 조금 어렵지요? 인테리어를 통해서 비일상을 설계하고, 감정적인 혜택을 전달하는 방법을 저희의 사례를 통해서 말씀드리겠습니다.

카페는 비일상을 주는 공간이어야 한다

저희의 네 번째 매장인 이미커피로스터스는 카페 창업과

운영에 있어서 목표를 세우고, 그것을 인테리어에 구현하였습니다. 첫 번째 매장부터 세 번째 매장까지는 그런 개념이 없었습니다. 그전까지는 인테리어에 대해 '어떻게 하면 시각적으로 멋있을까?', '어떻게 하면 일하기 편할까?' 정도의 고민만 했었습니다. 다른 분들과 같이 저 역시도 인테리어에 대한 뚜렷한 방향성이 정립되지 않았었습니다.

물론 실력 있는 업체에 맡기면 사람을 혹하게 만드는 인테리어를 해 줍니다. 브랜딩 작업까지 해 주어서 좋은 이미지도 만들어 줍니다. 돈은 아주 많이 듭니다. 그런데 저는 돈이 없었기에 정말 열심히 공부했고, 공부를 하다 보니까 이게 돈만 들인다고 되는 문제는 아니란 것을 알게 되었습니다. 소비자들이 원하는 것은 비일상이고 인테리어에서 그것을 어떻게 구현해야 하는가도 알게 되었습니다. 제가 어떻게 인테리어에 비일상을 담았는지 저희 매장의 이야기를 해 드리겠습니다.

"다른 세계에 온 것 같아요."

이미커피로스터스에 들어오는 손님들이 많이 하는 말입니다. 그도 그럴 것이 저희 매장이 있는 남구로역 주변은 서울이지만, 한국 사람들만큼이나 조선족을 포함한 중국인이 많은 지역입니다. 오래전부터 이 지역에 정착해서 살고 계셔서 한자로 된 간판도 많고 중국음식점과 중국인들을 위한 상점이 많고 흔한 프랜차이즈 카페도 거의 없는 동네입니다. 약간은 삭막한 거리 분위기와 달리 문을 열고 들어오면 꽤 이색적인 분위기의 카페가 나오니, 문 하나 사이로 이쪽과 저쪽이 완전히 다른 세계가 펼쳐지는 느낌이었습니다.

이미커피로스터스가 드리고 싶은 비일상은 '친구 집 거실에서 탁자에 둘러앉아서 커피와 케이크 혹은 과자와 아이스크림을 먹으면서 노는 일'입니다. 일단 서로 진짜 친구가 아니라는 점에서 비일상이 충족됩니다. 그리고 사실 이렇게 우아한 느낌으로 정갈하게 차려 놓고 커피와 디저트를 먹지는 않습니다. 이런 식탁도 흔치 않고, 커피나 케이크, 아이스크림 같은 것을 항상 준비해 놓고 놀지는 않습니다.

저희는 이미커피로스터스에 주거공간의 느낌을 주고 싶었습니다. 그것을 위해서 상업공간이라는 분위기가 최대한 느껴지지 않도록 노력했습니다. 카페처럼 보이지 않게 하려고 했습니다.

커피 바로 운영되는 곳이지만, 카페나 술집에 있는 바가 아닌 큰 테이블을 놓았습니다. 벽면에는 여기가 이미다, 여기가 카페다 하는 것을 나타내는 아무런 장치도 하지 않았습니다. 어느 가정집도 집 벽면에 '홍길동의 집'이라고 표시해 놓지 않기 때문입니다. 정말 조그맣게라도 벽에 '이미 커피로스터스' 여덟 글자나 '음'이라는 로고를 박고 싶었지만 꾹 참았습니다. 이곳은 거실이기 때문입니다. 또 이곳은 친구의 집이므로, 결제 단말기나 돈통은 없습니다. 카드리더기는 보이지 않는 곳에 두었습니다.

카페 같지 않은 느낌, 친구의 집에 놀러 온 것 같은 경험을 주기 위해서 테이블과 의자의 높이도 다른 곳과 다릅니다. 일반적으로 편하게 느껴지는 높이보다 의자는 낮고 테이블은 높습니다. 보통 카페와는 많이 다릅니다. 저희처럼 높은 테이블을 쓰는 경우도 있지만, 의자까지 낮은 경우는 거의 없습니다.

처음에는 이 높이 차이가 다소 어색한데, 시간이 지나면 릴렉스가 됩니다. 허리를 잘 세우고 바른 자세로 커피를 기다리시던 분들이 어느새 턱을 괴기도 하고, 아예 엎드리다시피 하는 경우도 있습니다. 몸도 이완시키지만, 몸이 가려져 있을 때 느껴지는 심적인 편안함 때문인지 때때로 한 공간에 머무는 낯선 타인과도 대화하는 일들이 많습니다. 친구 집에서 놀다 보면 좀 늘어지기도 하는데, 저희는 그런 편안함을 의도했습니다.

카페처럼 보이지 않기 위한 장치는 또 있습니다. 저희는 카페에서 주로 쓰는 업소용 테이블 냉장고나 제빙기를 쓰지 않습니다. 업소용 기물들을 쓰면 업무가 수월해집니다. 하지만 여기는 친구의 집이니, 업소용 제품이 있으면 어색합니다. 그래서 가정용 냉장고를 쓰고, 제빙기도 업장용이라는 느낌이 나지 않는 걸 씁니다.

잔과 접시는 보통 업장에서 편하게 쓰지 못하는 것들을 다양하게 준비해 두었습니다. 저와 제 아내가 좋아해서 모아두었던 빈티지 잔들을 준비했고, 음료에 따라 샴페인 잔, 와인 잔, 스피릿 잔 등을 다양하게 사용합니다. 같은 아이스 커피라도 브루잉커피와 아메리카노의 잔이 다르고 커피의 맛과 향, 때때로 단골손님들의 취향에 어울리는 잔을 준비합니다. 특별한 취미가 있지 않은 한 접하기 어려운 잔들도 있고 사실 어떤 것은 가격을 생각하면 내 드리기 무서운 잔도 있습니다. 어떤 잔은 깨지면 한 3일 치 매출이 날아갑니다. 이것은 대접받는 느낌을 좀 더 강하게 드리고 싶어서 준비한 장치입니다. 그리고 저희는 컵을 진열하는 다른 카페들과 달리 이런 잔들을 거의 다 보이지 않는 곳에 넣어 놓습니다. 비밀스럽게 숨어있다가 짠하고 나타나는 재미도 있습니다.

나중에 단골손님들께 저희 매장의 어떤 점이 좋은지를 여쭈었습니다.

"커피랑 디저트도 맛있고 인테리어도 예쁜데, 아무래도 사장님과 직원분들, 다른 손님들과 편히 이야기를 나눌 수 있는 분위기 때문에 계속 오게 되더라고요."

단순히 거실 콘셉트를 만드는 게 중요한 게 아니라 친구들과 함께 노는 경험을 주는 게 핵심입니다. 그 경험을 즐기기에 적합하도록 설계를 한 것입니다.

네 번째 매장을 준비하던 당시 저희는 공사비용이 부족했습니다. 목공, 전기, 배관 등 저희가 못하는 것은 전문가에게 맡기고, 대부분은 스스로의 힘으로 했습니다. 필요한 것들은 발품을 팔아서 저렴하게 구매했습니다. 힘들게 인테리어를 하다 보니 디테일이 조금 부족했고, 고급스럽게는 하지 못했습니다.

하지만 저는 저희 매장의 인테리어가 어느 공간보다도 뛰어난 결과물이라고 생각합니다. 이 인테리어가 다른 곳에서는 주지 못하는 특별한 경험을 제공하기 때문입니다. 그 목표에 적합한 요소를 지녔고, 그것을 통해 손님들에게 전해 드리고 싶은 비일상이 잘 전달되었기에 이만한 인테리어가 없다고 생각합니다.

인테리어와 관련해 마지막으로 두 가지 실제적인 조언을 드리려고 합니다. 인테리어를 잘하려면 두 가지, 바로 돈과 안목이 필요합니다. 두 가지 다 많으면 좋겠는데, 그렇지 못한 경우가 많습니다. 그래도 방법이 아예 없지는 않습니다.

디테일보다는 무드가 먼저다

매력적이고 설레는 비일상을 구현하기 위해서는 돈이 듭니다. 꽤 많이 듭니다. 게다가 아주 계획적이고 알뜰하게 돈을 쓴다고 해도 정해진 예산 안에서 인테리어가 끝나는 경우는 없습니다. 업체를 끼고 하든, 스스로 하든 마찬가지입니다. 공사를 하다 보면 여러 가지 변수가 생기기 때문입니다. 공간 자체의 결함이 발견되기도 하고 설계를 변경해야 할 상황이 생기기도 합니다. 도면에 있던 것을 실제로 구현하다 보면 소재나 색의 문제로 변경을 해야 하는 경우도 생집니다. 건물주와의 의사소통, 인테리어 업체와의 협의, 동네 주민들의 민원과 같은 문제가 잘 해결되지 않을 수도 있습니다. 중간중간 예측하지 못한 비용의 증가가 있습니다. 예산이 충분하다면 큰 걱정이 없겠지만 그렇지 않은 경우가 많습니다.

예전에 새로 오픈한 모 카페에 들른 적이 있습니다. 아직 사람들에게 알려지기 전이라 여유롭게 둘러볼 수 있었습니다. 언뜻 보면 그럴싸해 보이는데 공간과 가구의 어울림과 테이블웨어가 다소 뻔하여 가게 분위기에 맞지 않았습니다. 또 빈티지 콘셉트에 어울리지 않게 바의 색감과 질감이 너무나 새것이었습니다. 전반적으로 허술한 느낌이 나고 어색했습니다. 그런데 얼마 지나지 않아서 그 매장은 핫플레이스가 되었습니다. 다소 의아했습니다만, 다른 사람들의 반응을 살펴보며 한 가지를 깨닫게 되었습니다.

'사람들에게 우선적으로 중요한 것은 디테일이 아니라 무드구나. 일상에서 벗어났다는 느낌의 경험이 중요한데, 이런 감흥은 디테일보단 전체적인 무드를 통해서 먼저 느끼게 되는구나.'

꿈과 환상의 나라인 놀이공원 안에 펼쳐진 마법의 성, 비밀의 숲, 바이킹과 보물섬을 가까이 가서 보면 어설픕니다. 플라스틱으로 만든 구조물에 페인트칠해 놓은 것이 다 보이지만 남녀노소 할 것 없이 신이 납니다.

물론 디테일까지 좋으면 더 좋습니다. 그런데 디테일을 살리려면 큰 비용이 듭니다. 그렇기에 창업을 하면서 자금이 충분하지 않다면 공간의 전체적인 무드를 만드는 데 우선 집중하는 것이 좋습니다.

안목이 부족할 때는 인플루언서를 보자

저희 매장엔 커피를 좋아해서 오는 손님도 많지만, 그 이상으로 매력적인 공간을 사랑하는 분들이 매우 많습니다. 커피로 먹고사는 일은 제가 더 잘하겠지만, 신상 카페에 대한 정보만큼은 제가 따라가지 못하는 분도 많습니다. 게다가 이분들은 제가 정보로만 알고 있는 대부분의 카페를 다다녀왔는데 서울과 수도권에 국한된 것이 아니라, 좋은 커피와 공간이 있다면 거리 상관없이, 전국 방방곡곡을 다닙니다. 휴가나 여행 일정에 갈 카페를 미리 정하는 것은 기본이고 아예 카페투어를 위해서 휴가나 연차를 사용하는 분들도 제법 많습니다. "커피 마시겠다고 경주에 간다고요?", "케이크 먹으러 부산까지 오셨다고요?", "빙수 먹으

러 거제에서 올라오셨다고요?"와 같은 반응이 돌아오기도
합니다.

늘 다른 사람보다 한발 앞서서 신상 카페를 정식 오픈 전
에 다녀옵니다. 사진을 굉장히 잘 찍는데, 예술적으로 찍기
보다는 그 공간이 주는 설렘을 소비자의 관점에서 잘 포착
해 냅니다. 위치, 운영시간, 메뉴, 서비스, 공간의 특징 등 매
장에 대한 객관적인 정보도 매우 상세하게 다룹니다. 이렇
다 보니, 새로운 카페를 찾는 사람들에게 이분들의 인스타
계정은 가장 믿을 만한 카페투어 안내서가 되고 이분들은
어느새 인플루언서가 되어 있습니다.

인플루언서는 양질의 정보제공자로 끝나지 않습니다. 많
은 정보를 다루는 동안, 수많은 레퍼런스가 쌓이게 되고 자
연스럽게 사람들이 좋아할 만한 공간은 어떤 곳이라는 것
을 알게 됩니다. 이러한 안목을 가지고 공간 기획에 참여하
고 카페 탐방기를 책으로 만들고, 카페 창업을 하는 분도
생기고 있습니다. 카페 인플루언서들은 공간에 대한 정보
를 같은 소비자의 입장에서 전달해주는 차원을 넘어서 적
극적으로 큐레이션하고, 더 나아가 공간과 서비스를 생산
하는 역할도 해내고 있습니다.

생산자의 입장이 아닌 소비자의 관점에서 어떤 공간이 좋은 공간인지 잘 알고 있으므로, 그들이 추천하거나 기획에 참여한 공간들은 대부분 좋은 성과를 내고 많은 사람들이 찾는 핫플레이스가 되곤 합니다. 물론 팔로워가 많아서 홍보에 유리하다는 점도 간과할 수는 없을 것입니다.

그래서 저는 카페 창업을 하는 분들에게 카페 인플루언서들을 팔로우하라고 권합니다. 적극적으로 소통하고 관계를 맺을 수 있으면 좋겠지만 그게 아니라도 이분들의 카페 탐방기만 봐도 엄청난 도움이 됩니다. 사진을 찍는 방법을 배울 수 있고, 사람들이 카페를 다니면서 중요하게 여기는 것, 궁금해하는 것들에 대해서도 알 수 있습니다. 무엇보다도 최신 트렌드를 통해서 요즘 사람들이 카페를 다니면서 기대하는 것들이 무엇이고 좋아하는 것들이 어떤 것인지 가늠할 수 있게 됩니다.

저 역시 저희 매장에 오는 인플루언서와의 대화를 통해서 많은 것을 알게 되었고, 때때로 좋은 자극과 영감을 주고받곤 합니다. 저도 이분들께 아주 간결하고 강렬한 인사이트를 받은 적이 있습니다. "요즘 카페 인테리어에서 제일 중요한 게 뭘까요?"라고 물었더니 "음…. 카페 같지 않은 카페랄까요?"라는 답을 해 주셨습니다. 그 이후로 저는 '카페 같지 않은 카페'를 인테리어의 전략으로 삼고 있습니다.

마무리

지금까지 다양한 사례를 들어가며 다름을 만드는 방법에 관해 이야기를 했습니다.

저는 여러 현장에서 다름에 대한 화두를 꾸준히 던지고 있습니다. 세미나, 강연, 상담, 워크숍 등 기회가 있을 때마다 다름을 강조 내지는 강요합니다. 실제로 브랜드와 공간을 설계하는 일을 하면서 가장 중요하게 생각하는 부분이기도 합니다. 다름을 추구한다는 것은 궁극적으로 대체 불가능한 것을 만들기 위함이라는 것을 실감하곤 합니다. 다름을 만드는 것도 어려운 일인데, 더 나아가 대체 불가능한 것을 만들려고 고민하자니 보통 힘든 것이 아닙니다. 그래도 꼭 해야 하는 일이고, 창업자들에게 너무나 중요한 이야기이기에 저에게 대체 불가능에 대해 깊은 영감을 주었던, 특별한 공간에 관한 이야기를 하나 들려 드리려 합니다.

저희 동네에 카페가 하나 있었습니다. 지금은 없어졌지만, 저에게는 매우 소중한 곳이었습니다. 2층이라서 눈에 잘 띄지 않았는데, 외벽에 간판도 없고, 입간판도 없어서 찾기가 좀 어려웠습니다. 낡은 건물의 좁은 계단을 따라서 올라가면 내부가 보이지 않는 철문이 하나 있습니다. 그리고 문에는 아주 작은 메모지로 작게 카페의 이름이 적혀 있습니다. 그 위쪽에 붙은 A4용지에는 '정숙'이라고 쓰여 있었습니다. 처음에는 카페 이름이 '정숙'인가 싶었습니다. 내부가 전혀 보이지 않아서 문을 열어도 되나, 영업은 하고 있나 망설이는 순간에 또 다른 메모지를 발견했습니다. 아주 깨알 같은 글씨로 쓰인, 일종의 안내문이었습니다.

'같은 공간에 머무르는 사람들의 시간을 서로 배려하였으면 합니다. 목소리를 낮추어 소곤소곤 이야기해 주세요. 서로에게 집중할 수 있도록.'

무거운 문을 조심스럽게 열고 들어가 보니 실내는 매우 어두웠습니다. 메인 조명은 없고, 주방 쪽에만 불이 켜져 있었습니다. 사람이 앉아 있는 테이블에는 작은 스탠드가 놓여 있었습니다. 제법 손님들이 많았는데 말없이 각자의 일을 하거나 가끔 대화할 때면 매우 작은 소리로 속삭이듯 대화를 했습니다. 문 앞에 적혀 있던 문구가 단박에 이해가 되는 순간이었습니다.

이 매장은 가끔 새벽까지 영업하는 날이 있었습니다. 그런 날은 예약을 받았습니다. 잠도 안 오고 책도 읽을 겸 예약 없이 자정쯤에 한 번 방문한 적이 있습니다. '설마 그 시간에 빈자리가 없겠어.' 하는 마음이었는데, 저의 예상과는 달리 어두운 공간에는 사람들로 가득 차 있었고, 평소와 다름없이 고요했습니다.

카페는 모름지기 사람들이 모이는 곳이다 보니 어느 정도의 소음이 있습니다. 카페에서 혼자 책을 읽거나 작업을 해야 할 때는 그러한 소음이 방해가 되지만 혼자 쓰는 공간이 아니니까, 감내할 수밖에 없습니다. 그런데 여기서는 그런 걱정을 할 필요가 없습니다. 사장님께서 주문을 받으실 때도 정말 모기만 한 목소리로 말씀하시고, 평소에 목소리가 큰 편인 저도 속삭이듯 주문하게 되는 곳입니다. 활기찬 대화나 흥겨운 분위기, 가끔 터지는 유쾌한 웃음소리는 없는 곳이었습니다. 대신에 경청하고, 속삭이고, 잔잔한 미소가 흐르는 곳이었습니다. 이 공간에서 마음껏 큰 소리를 낼 수 있는 것은 사장님이 키우시는 개뿐이었습니다.

조용한 음악을 틀고, 차분한 분위기를 조성하고, 정숙을 요청하는 문구를 적어 놓고, 시끄러워지면 손님에게 조용히 해 달라고 요청하는 카페들은 많습니다. 그러나 이렇게 대놓고 '정숙'이라고 쓰고 메인 조명을 없애 공간을 어둡게 하고 각 좌석에 조명을 제공하는 등의 방식으로 공간의 의도를 극단적으로 알리는 곳은 거의 없습니다. 그 의도를 알아차리고 공감하는 사람들만 올 수 있는 곳으로 방문 진입 장벽을 높게 만드는 곳도 거의 없습니다.

만약 매장을 준비할 때, '어느 정도 조용한 분위기를 만들어야겠다'라는 정도의 구상만으로 움직였다면, 이 정도의 다름을 만들기는 어려웠을 것입니다. 누구나 올 수 있는 곳이 아닌, '이런 것을 필요로 하는 사람들을 위한 공간'을 만들었기에 완전히 다른, 대체 불가능한 공간이 만들어진 것이지요.

이곳이 문을 닫는다는 소식을 들었을 때, '좋았는데 아쉽다.' 정도의 감정이 아니라, '이제 어디를 가야 하나….'라는 생각이 들었습니다. 이곳을 애정했던 분들은 모두 같은 마음이었을 겁니다. 저는 이곳을 대체할 만한 곳을 아직도 찾지 못했습니다.

다름을 만들 수 있도록, 모두를 만족시킬 수 있는 공간과 서비스를 만들어야겠다는 생각은 버려야 합니다. 대체 불가능하다는 것은 모든 면에서 완벽하다는 의미가 아니며, 모든 사람을 만족시킨다는 의미도 아닙니다.

'누구나 부담 없이 편안하게 즐길 수 있는 공간', 이런 목표는 좋지 않습니다. 이건 허상입니다. 누구나 와도 좋아할 만한 공간을 만든다? 카페에서 남녀노소, 내국인, 외국인… 입맛이 다 다른 사람들을 위해 수십 가지의 음료와 디저트를 구비할 수 있을까요? 국악, 재즈, 클래식, 트로트, 동요를 돌아가면서 틀면 모두 좋아할까요? 모두를 만족시킨다는 것은 허상입니다.

'누구나'가 아닌 '이런 사람'이라는 명확한 핵심 고객을 정의하고 그 사람에게 맞는 공간, 음식, 콘텐츠, 서비스를 만들어야 확실한 다름을 만들 수 있습니다.

앞서 예를 든 '정숙' 카페는 같은 공간에 머무는 사람들의 시간을 존중할 수 있는 사람, 서로에게 집중할 수 있는 사람들을 위해서 만든 곳입니다. 여기 들어오는 사람들에게 '이렇게 해달라'는 부탁을 하는 동시에, 그 부탁이 의미하는 바를 알려주는 여러 가지 장치를 통해서 '이런 사람들을 위한 곳이다'라는 경계를 명확하게 전달하고 있습니다. 누구나 와서 조용한 시간을 보내고 가는 곳이라기보다는 조용한 시간을 보내기 원하는 사람들을 초대하는 것입니다. 가끔 카페 이름만 알고 오거나, 지나다가 우연히 발견하고 들어오는 사람들이 있었습니다. 입장하면서 매장의 색다른 분위기에 감탄하고 좋아하지만, 대화나 촬영이 불가능하다는 것은 깨닫고는 돌아서는 경우도 자주 보았습니다.

'이런 사람들이 와서, 이런 것을 느끼고 가는 곳을 만들 겠다'라는 목표로 다름을 만들어냄으로써, 그 사람들에게 완벽한 공간이자 대체 불가능한 곳이 되는 것입니다. 다른 곳에 비해서 커피가 특별히 맛있지 않아도 됩니다. 가격이 저렴하지 않아도 됩니다. 음악이 아주 특별하지 않아도 됩니다. 이 공간의 목표는 그게 아니기 때문입니다. 공간의 주인이 전달하고 싶은 가치, 공유하고 싶은 경험에 대한 확고함, 이런 것들로 대체 불가능한 공간이 완성됩니다.

저는 모든 창업자가 자신의 삶이 담긴 대체 불가능한 공간, 서비스, 제품, 브랜드를 만들면 좋겠습니다. 사업적으로는 소비자들에게 선택받게 될 것이고, 소모적인 경쟁에 휩쓸리지 않게 될 것입니다. 그렇게 고유성을 지켜내다 보면 자신의 비즈니스는 견고해질 것입니다. 지속 가능할 뿐 아니라 확장될 것입니다. 좋은 동료를 만날 수 있고, 투자자가 생길 수도 있을 겁니다. 많은 이들이 나의 역량을 알아보게 되고, 새로운 제안을 받게 될 것입니다.

사업적으로만 나아지는 것이 아닙니다. 개인의 삶의 질 또한 높아질 것입니다. 행동과학자이자 작가인 존 리비는 책《당신을 초대합니다》에서 "우리 삶의 질을 결정하는 근본 요소는 우리와 가까이하는 사람들 그리고 그들과 나누는 대화다."라는 말을 했습니다. 내가 만든 대체 불가능함을 소비자가 구매한다는 것은 곧 소비자들의 공감을 받는다는 의미입니다. 공감은 그 자체로 소통이며 일종의 대화라고 할 수 있습니다.

저는 좋은 커피와 디저트로 사람들에게 행복을 드리고 싶다는 생각으로 이 일을 시작하게 되었습니다. 이 행복은 개인의 삶을 확장하고, 타인과의 소통과 연결을 만들어냅니다. 저는 이런 목표를 위해서 오랫동안 다름을 추구해 왔고, 이미만의 다름을 어떻게 보여 줄 것인지를 고민하며 브랜드를 만들어가고 있습니다. 그것이 좀 더 날카로워지고 깊어지고 쌓여가다 보면 저희 브랜드와 공간이 대체 불가능한 것으로 사람들의 마음에 깊이 남으리라 믿습니다.

음
ㅁ

4부

브랜딩

카페를 처음 시작할 때는 맛있는 음식과 친절함이 최고라는 생각을 했습니다. 실제로 할 수 있는 것이 그것뿐이었기에 최선을 다해서 맛있는 커피와 디저트를 만들려고 노력했고, 손님들께 마음을 다하려고 노력했습니다. 이렇게 하다 보면 언젠가 우리를 알아줄 것이라는 생각으로 열심히 일했습니다.

그러던 어느 날, 아주 유력한 방송에 매장이 소개되었고, 방송의 어마어마한 위력을 체험했습니다. 미친듯이 바쁜 매일이 세 달 정도 계속되었고, 20평이 조금 넘는 매장에서 상상도 못 했던 매출이 나왔습니다.

바쁜 시즌을 보내고 난 후, 고생하는 직원들도 안쓰럽고, 저는 저대로 힘들고, 저 때문에 희생하는 가족들에게도 미안하다는 생각과 함께 복잡한 마음이 들었습니다. 이렇게 매번 자신을 갈아 넣으며 이 일을 지속할 수 있을까 싶은 생각이 문득 들었습니다. 물론 저는 제 가게가 망하지 않게 할 자신은 있었습니다. 다만 그것만으로는 삶이 달라지지 않을 것이 분명했습니다. 이대로는 고생하는 가족들에게 지금보다 안락한 삶을 선사할 수도 없고, 직원들의 월급도 많이 올려줄 수가 없었습니다. 하고 싶은 것을 한다는 만족감을 채우기 위해서 너무 많은 불안과 염려를 안고 살아야 하는 일상이 너무 버겁게 느껴졌습니다.

'이대로는 안 되겠다. 아무것도 하지 않으면 아무 일도 일어나지 않겠구나.'라는 생각에 저는 한 가지 결심을 했습니다. '좋은 회사를 만들어야겠다.' 기왕 사장으로 살고 있으니 이미를 좋은 회사로 만들겠다는 결심을 하고 공부를 시작했습니다. 책을 읽고, 강연을 듣고, 독서 모임에 참여했습니다. 많은 사람들과 다양한 이야기를 나누면서 좋은 회사를 만드는 방법을 찾아냈습니다. 그것이 바로 브랜딩이었습니다.

작은 로컬 브랜드부터 먼 나라의 글로벌 기업까지, 그들의 성장과 성공에는 브랜딩이 있었습니다. 기업을 운영할 때의 목표와 소비자에게 전달하려는 가치가 선명한 브랜드에는 팬들이 있었습니다. 팬들은 성적에 의해 움직이는 사람이 아닙니다. 만년 꼴찌를 하는 스포츠팀에게도 팬은 있듯이, 제품의 질이나 가격 같은 것에 쉽게 변심하지 않습니다. 성장하는 기업들은 소비자들이 우리의 팬이 된 이유를 잘 알고 있으며, 팬들의 마음을 잘 살핍니다. 브랜드는 팬들이 필요로 하는 것을 채워주기 위한 제품과 서비스를 만들고, 팬들은 그런 브랜드의 노력에 응답합니다. 제품과 서비스를 구매하고, 그것에 관해서 이야기합니다. 이런 관계성은 제가 브랜딩을 이해하는 핵심이 되었습니다.

브랜딩을 공부하며 이런 생각을 했습니다.

'이런 게 브랜딩이라면 나에게는 아주 유리하겠구나!'

10년이 넘는 시간 동안 저를 먹고살게 해 준 팬들이 많기 때문입니다. 때때로 커피와 디저트가 맘에 안 들었을 수도 있고, 서운하거나 아쉬운 마음으로 돌아간 적도 있을 겁니다. 그래도 저는 그런 마음이 생기지 않도록 늘 살피고 노력해 왔고, 그러한 저의 진심을 알아주는 사람들을 꽤 많이 알고 있습니다. 제가 하고자 하는 일들, 일하는 태도와 방식을 공감해 주는 손님과 직원이 있으니 이미는 충분히 좋은 회사가 될 것이라는 생각이 들었습니다.

그 후로 저는 카페, 꽃집, 서점, 소품샵, 스타트업, 사업의 규모와 업종과 상관없이 브랜딩이 필요하다는 확신을 하게 되었고, 심지어 한 개인의 인생사에도 브랜딩의 관점을 적용할 수 있다고 생각했습니다.

이 장에서는 브랜딩에 관해 제가 중요하다고 생각하는 것 중, 창업자들에게 꼭 필요하다고 생각하는 것들을 정리해 보았습니다. 브랜딩을 깊이 있게 공부하기에는 충분하지 않겠지만, 지금 바로 브랜딩을 시작할 수 있게끔 쉬운 내용과 구체적인 방법을 담았습니다.

1장. 브랜딩은 가치를 공유하는 일이다

브랜딩은 '브랜드 + ing' 입니다. 고로 브랜딩을 이해하려면 먼저 브랜드를 알아야 합니다.

'브랜드'라는 말은 가축의 소유주를 구분하기 위해서 불로 달군 인두로 낙인을 찍던 것에서 유래되었다고 합니다. 생김새로 일일이 구분할 수는 없으니, 쉽게 기억하기 위해서 가문의 상징이나 이름을 찍은 것입니다. 브랜드는 우리의 제품과 서비스를 기억할 수 있게 하는 '그 무엇'입니다. 그렇기에 '브랜드'하면 대부분 로고와 네이밍을 떠올리는 게 되는 겁니다. 저 역시 그렇게 생각했습니다. 하지만 로고와 네이밍이 브랜드의 전부는 아닙니다.

혹시 이런 경험 있지 않으신가요? 길을 가다가 어디서 본 듯한 사람을 마주칩니다. 분명히 어디서 본 듯한 얼굴(로고)인데, 이름(네이밍)이 기억이 안 납니다. 그런데 그냥 지나치기는 또 어려운 상황에서 대화를 하게 됩니다.

"앗, 너! 너…. 맞지?"

"응, 그래. 야…. 오랜만이다. 잘 지냈지?"

"그럼, 나는 잘 지냈지."

"여기서 만날 줄 몰랐네."

잠깐의 침묵이 이어지다가 한 사람이 용기를 냅니다.

"근데 미안한데, 너 이름이 뭐였더라?"

"나? 길동이, 홍길동."

"맞다. 맞아. 길동이."

"그래, 길동슈퍼 하는 집 홍길동. 이제 기억나나?"

"아 미안하다. 나이 먹으니까 깜빡깜빡하네."

브랜드가 알려지는 데 있어 특별한 이름이나 멋진 로고
가 도움이 되지만, 사람들이 궁극적으로 기억하는 것은 그
브랜드가 어떤 목표를 위해 어떤 일을 해 왔느냐 하는 점입
니다. 로고와 네이밍은 그것을 언어와 형상으로 표현한 것
일 뿐, 브랜드의 정체성은 제품과 서비스를 통해 주려고 하
는 가치에 있습니다.

'애플'이라는 네이밍과 사과 모양의 로고는 너무나 유명
합니다. 그런데 애플을 유명하게 만든 것이 그 이름과 로
고는 아닙니다. 애플은 늘 '세상을 바꾸는 혁신적인 기술과

서비스를 만드는 것'이 목표라고 이야기해 왔고, 이러한 목표를 제품과 서비스로 구현하기 위해 노력해 왔습니다. 소비자들은 그것에 공감해 애플에 열광하고, 애플이 신제품을 낼 때마다 또 어떤 새로움을 보여 줄지 궁금해하고 기다립니다.

다른 사례를 살펴봅시다. 벤츠도 볼보도 다 자동차를 만듭니다. 그런데 두 브랜드는 각기 다른 목표를 가지고 자동차를 만듭니다. 벤츠는 "최고가 아니면 아무것도 아니다"라는 슬로건을 사용합니다. 최첨단의 기술을 적용하고, 고급스러운 이미지의 디자인을 추구하고, 한정판 모델을 출시하고, 고가 전략을 내세워 럭셔리 브랜드의 이미지를 구축하고 있습니다. 그로 인해 벤츠는 고급 차의 대명사, 성공의 상징 같은 브랜드로 인식되고 있습니다. 지금도 영화나 드라마를 보면 어려운 시절을 보냈던 주인공이 인생 역전하는 장면에서 자주 벤츠가 등장하는 것을 볼 수 있습니다. 이것이 벤츠가 추구했던 가치이고 브랜딩이었습니다.

그런데 세계 경제가 어려워지면서 비싼 차가 잘 팔리지 않게 되었습니다. 벤츠는 불황을 타계하기 위해 저가의 실용적인 시리즈를 출시하였습니다. 벤츠에서 가성비 좋은 자동차가 나온다는 소식은 큰 화제가 되었을 겁니다.

하지만 결론적으로 해당 시리즈는 실패하였습니다. 사람들이 벤츠에 기대한 것은 가성비가 아닌 고급스러운 이미지였기 때문입니다.

한편 볼보의 상징은 안전입니다. 슬로건도 "Volvo for life"입니다. '자동차는 안전이 중요하지, 우리 가족들이 같이 탈 차인데.' 이런 생각을 하는 사람들에겐 볼보가 먼저 떠오를 겁니다. 볼보는 어떻게 안전의 대명사가 되었을까요? 볼보는 안전성 테스트를 오래전부터 공개해 왔는데, 자동차 개발에 있어서 안전성을 높이는 것에 집중한 결과 한동안 안전성 테스트에서 늘 1위를 차지했습니다. 또한, 안전벨트에 대한 인식이 적었던 시절에 안전벨트의 중요성을 알리는 캠페인 광고를 지속적으로 했습니다. 통상 충돌 테스트는 성인 남성을 기준으로 설계되지만 볼보는 성별, 크기, 신체 형태와 상관없이 안전한 차를 만들기 위해 다양한 실험조건으로 테스트를 진행했고, 40년간의 데이터를 기반으로 더 정밀한 분석을 했다고 합니다. 기술개발의 목표 자체가 안전에 맞춰져 있어서, 지금 보편화된 안전장치 대부분이 볼보에서 시작되었다고 합니다. 이는 볼보가 추구하는 가치가 안전임을 명확히 보여줍니다.

이런 일이 있었습니다. 모 아나운서가 교통사고를 당했

습니다. 꽤 큰 사고였는데 다행히 생명에는 지장이 없었습니다. 소식을 전하는 기사에 이런 댓글이 있었습니다. '○○씨 사고 소식에 걱정했는데, 볼보라니 안심했어요.' 생산자의 브랜드 가치가 소비자에게 공감이 되면 구매로 이어집니다. 그러나 당장 구매로 이어지지 않아도, 이렇게 브랜드가 남을 수 있다면 브랜딩에 성공했다고 볼 수 있습니다.

브랜드는 네이밍과 로고가 아닙니다. '그들이 하는 일'과 '그 일을 하는 이유'입니다. 브랜딩은 광고가 아닙니다. 브랜드가 추구하는 가치를 소비자와 공유하는 일입니다. 소비자가 소유하고 싶은 것은 제품이 아닌 가치인데, 그 가치에 맞지 않는 제품을 내놓으니 벤츠의 중저가 시리즈는 외면을 당한 것입니다.

브랜드는 전달하고 싶은 핵심가치를 지켜내기 위해서 꾸준히 노력을 이어가야 합니다. 그렇기에 브랜딩은 '브랜드 + ing' 입니다.

2장. 브랜딩은 인식의 차이를 만드는 것이다

여러분은 치킨을 좋아하시나요? 저는 세상에 치킨보다 맛있는 것이 있을까 싶을 정도로 치킨을 좋아합니다. 새로운 치킨 브랜드와 새로운 치킨 메뉴는 끊임없이 생기고 있습니다. 구구절절 닭은 어떻고, 반죽은 이렇게 했고, 이런 맛이 나고 저런 맛이 난다며 자기만의 치킨을 자랑하지만 역시나 종류가 너무나 많아서 선택이 쉽지가 않습니다.

몇 해 전 '매일 새 기름으로 60마리만'이라는 슬로건을 내세운 치킨 브랜드가 새로 생겼습니다. 기름 한 통을 부어 딱 60마리만 튀기고, 다 팔리면 장사를 하지 않는다는 원칙을 내세웠습니다. 업주들이 이 원칙을 잘 지킬 수 있도록 본사에서 가맹점에 기름을 무상으로 제공했고, 정말 60마리만 팔고 끝내는지, 기름이 깨끗한지를 보여주기 위해서 CCTV를 전용 앱과 연동해서 주방 상황을 누구나 볼 수 있게 하는 캠페인을 벌이기도 했습니다. 런칭 후 3년여 만에 400여 개의 가맹점이 생길 만큼 큰 화제가 되었습니다.

통상 기름 관리를 잘하는 치킨 매장에서는 60마리에서 70마리 정도를 튀긴 후에는 기름을 교체한다고 합니다. 70마리 정도의 닭을 튀기면 기름에서 탄내가 나면서 치킨의 맛이 떨어진다고 합니다. 그래서 조금 높은 가격대의 유명 치킨 브랜드들의 매장들은 대부분 비슷한 기준으로 기름을 교체한다고 합니다. 이 브랜드만 유난히 까탈스럽게 기름을 자주 교체하는 것이 아니라는 것입니다.

이 브랜드는 맛있는 치킨을 위해서 깨끗한 기름 외에 다른 노력을 안 했을까요? 재료는 질이 낮고, 레시피는 크게 신경 안 쓰고 적당히 만들었을까요? 그렇지는 않을 겁니다. 새로운 브랜드를 만들기 위해서 메뉴와 레시피에 관한 연구도 많이 했을 것입니다. 다만 아주 단순하게 '하루에 60마리만 튀기는 치킨집'이라는 슬로건을 사용함으로써 '깨끗한 기름만 쓰는 신선한 치킨'이라는 확실한 차별성을 만들어낸 것입니다.

예전에 저희 첫 번째 매장은 커피, 차, 소프트드링크, 빙수, 케이크, 쿠키 등 다양한 메뉴를 팔던 매장이었습니다. 커피는 직접 로스팅을 하고 시럽도 수제로 만들고, 재료들도 대부분 좋은 것을 썼습니다. 디저트 역시 유기농 밀을 비롯한 좋은 재료로 만들었고, 유학까지 다녀온 셰프가 만드니까 맛은 확실했습니다. 그런데 사람들의 후기를 보면, 골고루 다 맛있는데 특별한 느낌은 받지 못했다는 평가가 꽤 많았습니다. 매장을 리뉴얼하면서 이전에 있던 메뉴는 모두 없애고, 오직 드립 커피와 세 종류의 디저트만 판매하게 되었습니다. 그랬더니 커피와 디저트가 너무 맛있고, 매우 특별한 경험을 했다는 후기가 주를 이루었습니다. 메뉴에 커피와 디저트만 있다는 점이 특별하게 느껴지는 것 같습니다. 선택과 집중이, 그리고 메뉴를 소개하는 방식에 변화를 주니 인식의 차이가 만들어졌습니다.

앞에서 언급한 이미커피로스터스의 커피 바에서는 손님이 원하는 맛과 메뉴에 대한 정보를 아주 자세히 듣고, 최대한 그에 맞춰서 커피를 준비해 드립니다. 손님의 취향을 그대로 반영하기에 당연히 맛있을 수밖에 없고 만족감이 높습니다. 이런 점 때문에 손님들은 "이 집 커피 정말 잘한다.", "나는 다른 데서 드립 커피 안 마신다."와 같은 반응을 보입니다. 저희는 제품의 질을 좋게 하는 일에도 큰 노력을 기울이지만, 어떻게 좋음을 손님에게 인식시킬까에 대한 고민을 많이 합니다.

3장. 브랜딩은 감정적인 혜택을 선사하는 일이다

예전에는 기업에서 신제품을 출시하면, 기능과 품질의 측면에서 제품의 우수성을 강조했습니다. 특히 국내 제품의 성능이 아직 해외보다 못할 때라, 실험을 통해서 자사의 신제품이 외국 제품보다 더 우수하다는 것을 보여주는 광고도 많았습니다. 하지만 요즘은 그런 식의 광고를 보기 힘듭니다. 제품이 워낙 다양해졌고, 기업과 국가 간의 기술력 차이도 크지 않습니다. 하루가 멀다 하고 더 나은 제품들이 쏟아져 나오는 상황에서 나음을 증명하는 일이 무의미해졌습니다. 이런 상황에서 우리의 제품과 서비스를 차별화할 방법으로는 무엇이 있을까요?

오리온 초코파이는 1974년에 처음 출시되었습니다.

10년 넘게 승승장구하던 오리온 초코파이는 80년대 후반에 경쟁사인 롯데제과가 '초코파이'를 출시하면서 난관에 부딪히게 됩니다. 오리온 입장에선 억울했을 겁니다. 각고의 노력 끝에 히트작을 만들었는데 카피나 다름없는 제품이 나왔으니 말입니다. 오리온은 즉각 상표등록취소 소송을 제기했지만 법원에서는 초코파이는 보통 명사라는 이유로 소를 아예 기각해 버립니다. 이건 다른 곳에서도 새로운 초코파이를 만들 수 있다는 뜻이었고, 오리온은 더 심한경쟁을 해야 할지도 모르는 상황에 놓였습니다. 오리온은 어떤 대책을 세웠을까요?

오리온은 제품에 새로운 가치를 부여했습니다. 지금이나 예전이나 초코파이를 낱개로 사는 경우는 드뭅니다. 보통 한 상자를 삽니다. 개인이 먹고 싶어서 사먹는 경우도 있지만, 주로 교회, 학교, 학원, 군대 등 여럿이 모여 있는 곳에서 나눠 먹습니다. 여기서 오리온은 강력한 콘셉트를 잡아냈습니다. 초코파이를 나눠 먹는 것을 '정을 나누는 행위'로 만든 겁니다. 사람들이 일상에서 겪는 일을 소재로, 정을 나누는 장면을 연출하여 광고를 만들었습니다. 짧지만 잔잔하고 감동적인 드라마 형식의 광고는 큰 성공을 거두었습니다. 광고에 쓰였던 노래가 유행가만큼이나 유명해질 정도였습니다.

그 결과 오리온 초코파이는 2018년 기준으로 전 세계에 약 5조 2천억 원어치가 팔렸다고 합니다. 롯데제과와 오리온제과는 오랜 경쟁 관계로 업계 순위 1, 2위를 치열하게 다투고 있습니다. 그러나 2018년 기준 초코파이 매출액은 오리온이 1,000억, 롯데가 200억입니다. 압도적인 차이입니다. 지금은 초코파이 하면 대부분 오리온을 떠올립니다. 가끔 "롯데에서도 초코파이가 나오네. 초코파이는 오리온 과자 아닌가?" 묻는 사람도 있을 정도입니다.

오리온에서는 어떻게 하면 초코파이를 더 맛있게 만들 수 있을지, 레시피를 변경하거나 다른 제품을 만드는 노력도 했을 것입니다. 하지만 소비자의 마음은 새로운 맛이나 새로운 포장이 아닌, '정'이라는 감정적인 혜택으로 인해 움직였습니다.

브랜드가 전하는 감정적인 혜택은 요즘의 스마트폰 광고에서도 볼 수 있습니다. 단순히 기기의 성능만을 강조하지 않고 기기의 기능을 통해서 어떤 삶을 누릴 수 있는지, 그러한 삶은 어떤 가치를 갖는지에 대해서 이야기합니다. 감성적인 접근 방식이라고 볼 수 있습니다. 예를 들자면 이렇습니다. 영상 통화 기능을 통해 청각장애가 있는 가족과 소통합니다. 낯선 여행지에서 길을 찾던 중 번역 앱을 활용해 외국인과 대화를 나눕니다. 한 청소년이 자신의 춤추는 모습을 스마트폰으로 촬영하고 편집해 SNS에 올리면서 댄서의 꿈을 그립니다.

이러한 예시를 통해 알 수 있듯, CF의 주인공도 달라졌습니다. 예전에는 유명 연예인만이 주인공이었습니다. 하지만 요즘은 다릅니다. 가족, 친구, 연인, 동료, 이웃 등 일상적 관계에서 벌어지는 사람들의 삶을 다루고, 그 안에서 벌어지는 희로애락에 관한 이야기가 주를 이룹니다. 상술에 불과하다는 경계심을 갖고 광고를 보지만, 그럼에도 불구하고 희망차고 따뜻하며 감동적인 장면들이 많이 등장합니다. 한 유명한 광고는 누적조회수가 9천만 건에 이르기도 합니다. 기능적인 우수성을 강조하는 광고였다면 이 정도의 관심을 받지는 못했을 것입니다. 소비자에게 가까이 다가가고 그 감정을 자극하는 광고였기에 가능한 일이었습니다. 소비자들에게 공감받기 위해선 논리와 이성보다는 스토리와 감성을 통해서 전달해야 하는 이유를 잘 보여 준 사례라고 생각합니다.

브랜딩은 감정적인 혜택을 선사하는 일입니다. 모 스포츠 브랜드 사이트에 들어가 보면 칼럼란이 있습니다. 거기에는 운동 정보, 식이 정보, 동기부여, 목표를 설정하고 성취하는 방법, 슬럼프를 극복하는 법, 명상, 마인드 컨트롤 등 몸과 마음의 힘을 주제로 한 많은 콘텐츠가 있습니다. 이 브랜드의 사이트에서는 제품만 구매하는 것이 아니라, 포기하지 않고 도전하는 스포츠 정신도 배울 수 있습니다. 광고 또한 브랜드의 철학과 가치를 잘 보여줍니다. 고객에게 기능적으로 우수한 제품을 개발하되, 그를 통해 누리게 될 감정적인 혜택을 꾸준히 전달하고 있고, 이러한 노력의 결과로 최고의 스포츠 브랜드로 우뚝 서 있습니다. 감정적인 혜택은 브랜딩에서 중요한 목표입니다.

4장. 브랜딩은 '관계 맺기'다

프랑스의 정치가이자 미식가인 사바랭은 자신의 책《미식예찬》에서 "당신이 무엇을 먹었는지 말해 달라. 그러면 당신이 어떤 사람인지 알려주겠다."라는 유명한 말을 남겼습니다. 영어로 "You are what you eat."으로 번역되고, 우리말로는 "당신이 먹는 것이 곧 당신이다."로 알려져 있습니다. 건강에 대한 격언으로 많이 쓰이기도 하고, 음식문화에 관해 이야기를 할 때도 많이 인용되는 문장입니다. 이 문장을 빌려 이 시대의 격언을 하나 소개해 볼까 합니다.

"당신이 무엇을 샀는지 알려달라. 그러면 당신이 어떤 사람인지 보여 줄 수 있다."

자신의 가치관에 맞는 제품을 선택해서 소비하는 '가치소비'가 젊은 층을 중심으로 퍼지고 있습니다. 가치 소비를 추구하는 사람들은 가격이나 품질보다는 윤리적 신념이나 개인 취향에 따라 제품을 구매합니다. 친환경의 가치를 추구하는 의류 브랜드 파타고니아의 제품이 선풍적인 인기를 끌고 있는 것도 이러한 이유고 제로웨이스트를 실천하는 카페나 상점들이 늘어가고 있는 것도 이러한 맥락이라고 할 수 있습니다. 친환경 소재, 제로웨이스트 같은 이슈들은 사실 오래전부터 있었지만, 이런 움직임이 크게 확산되지는 않았습니다. 그런데 환경보호에 적극적인 소수만이 참여하던 이러한 캠페인이 가치 소비라는 트렌드에 의해서 하나의 라이프 스타일로 전파되고 있는 것입니다.

나에게 어울리는 브랜드를 찾아서 관계를 맺고 싶어 하는 사람들도 있습니다. 그들은 브랜드의 진심이 알고 싶고, 브랜드와 소통하고 싶어 합니다. 브랜드가 나의 삶에 관심을 가져주기 바라며, 때론 나의 참여로 브랜드에 영향을 주었으면 하는 바람도 가지고 있습니다.

브랜드와 소비자가 좋은 관계를 맺게 되면, 소비자는 브랜드와 일체감을 느끼고 브랜드를 자신의 확장된 자아로 인식하게 됩니다. 소비자와 브랜드가 동반자가 되는 것입니다. 단순히 제품이 좋아서 브랜드를 선호하는 것이 아니라, 브랜드가 추구하는 가치에 깊이 공감하여 응원하고 동참하려는 사람이 있다면 그 브랜드는 끝까지 살아남을 수 있고 성장할 수 있습니다. 이건 기업이나 작은 소매점이나 마찬가지입니다.

소비자와의 관계 맺기란, 간단히 말해 단골손님이 생기

는 것입니다. 다만 자주 오는 사람이라고 해서 전부 단골은 아닙니다. 장사를 하다 보면 자주 오는데 불편한 사람이 있습니다. 어느 카페 사장님께서 하셨던 이야기가 생각납니다. 정말 자주 오시는 손님이 있는데, 고정된 메뉴를 변경해 달라는 요구를 자주 하신다고 합니다. 메뉴를 이렇게 구성한 의도가 있으니 가급적 가게가 정한 대로 주문해 주시면 좋겠다고 공손히 말씀드려도, 아랑곳하지 않고 계속 요청하신다고 합니다. 이런 사람을 단골이라 보기는 어렵습니다. 이런 사람은 브랜드가 추구하는 가치에 관심이 없는 사람입니다. 브랜드의 가치를 흔드는 것은 관계 맺기가 아닙니다. 단골은 사장과 가게의 의도를 존중하는 사람입니다. 브랜드에 대해서 알고 있는 사람이 관계를 맺을 수 있는 겁니다. 그러한 고객이 많다는 것이 제 10년 장사의 큰 성과이자, 자산이기도 합니다. 관계 맺기에 성공했다면 브랜딩을 잘했다는 것입니다.

브랜드와 소비자가 관계를 맺는 데 있어, 브랜드가 추구하는 가치만큼 중요한 것은 쉽게 전달해야 한다는 점입니다. 심오하고 깊은 내용일지라도 쉽고 간결한 메시지로 정리되어야 합니다. 그런데 많은 브랜드가 너무 관념적이고 어려운 이야기를 합니다. 뻔하면 안 되니까, 특별해 보여야 하니까 화려한 수식어와 전문용어를 사용하는 것이 좋다고 생각합니다. 그런데 그 정도가 과해서 도대체 전하려는 것이 무엇인지 알 수가 없을 때가 많습니다. 공감을 받아야 하는 대상은 소비자인데, 정작 동종업계 종사자나 소수의 마니아들만 알아들을 수 있는 표현으로 메시지를 전달하는 경우를 자주 봅니다. 소비자 입장에서는 공감하기도, 이해하기도 어렵습니다. 호기심에 한번 공간을 방문해 보거나 구매를 해 볼 수는 있겠지만 관심을 지속하기는 어려울 것입니다.

몇 년 전부터 식음료 시장에서 새로운 트렌드로 유행하기 시작한 것이 있습니다. 바로 내추럴 와인입니다. 사람들이 많이 모이는 지역에는 내추럴 와인바가 많이 생기고 있고, 기존 술집이나 식당에서도 내추럴 와인을 취급하는 곳을 흔히 볼 수 있습니다. 보틀샵을 비롯해 카페나 그로서리 마켓 등 다양한 곳에서 내추럴 와인을 다루고 있습니다. 내추럴 와인이 이렇게 유행한 이유는 무엇일까요? 내추럴 와인은 기존의 와인(컨벤셔널 와인)과는 여러모로 다릅니다. 맛도 다르고 생산방식, 라벨, 분류체계 등 많은 것이 다른데, 가장 다른 점은 쉽다는 겁니다. 맛이 직관적이고 선명하니 맛을 설명하는 방식도 쉽습니다. 쉽게 설명하니까 선택하기 쉽고, 기호에 맞는 와인을 고르기도 좋습니다. 맛을 이해하기 위해서 공부를 하고, 경험을 쌓고, 미각을 훈련하지 않아도 됩니다. 게다가 내추럴 와인의 스토리는 흥미롭고 특별합니다. 이러한 점은 가치 있는 소비, 새로운 경험을 지향하는 젊은 세대에게 어필이 되는 부분입니다. 쉽게 다가갈 수 있기에, 소비자들은 계속 새로운 경험을 이어가고 싶어 합니다. 보통 사람들은 도전할 만한 새로움을 좋아하기 때문입니다. 내추럴 와인이 딱 그렇습니다.

관계 맺기에서 또 중요한 것은 관계를 맺고자 하는 대상에 대한 고려입니다. 어떤 사람과 관계를 맺고 싶은지에 따라서 브랜드를 설명하는 말은 달라질 수 있기 때문입니다.

비싼 음식을 파는 호화롭고 고급스러운 레스토랑에서, "이 메뉴는 그냥 매운탕 같은 거예요.", "말하자면 프랑스식 장조림이에요."와 같은 식으로 메뉴를 소개하면 사람들이 싫어할 겁니다. 휴식시간이 충분하지 않은 오피스 상권의 직장인 고객들에게 2,500원짜리 아메리카노를 팔 때마다, "이 커피는 인도 커피를 베이스로 과테말라 커피와 에티오피아 커피를 블렌딩하였고, 초콜릿의 풍미와 계피의 향이 조화롭고 끝에는 블루베리의 산뜻함도 느껴지는 묵직한 커피입니다."라고 일일이 설명하는 것은 그리 좋은 반응을 얻지 못할 겁니다.

요즘 많은 카페들이 커피에 대한 정보를 매우 자세히 제공합니다. 재배한 나라, 지역, 품종, 가공방식, 재배고도, 그리고 맛과 향에 대한 정보까지 알려줍니다. 그런데 이것은 일종의 전문용어라서 애호가나 동종업계 종사자가 아니면 알아듣기 어렵습니다. 이렇게 되면 공감을 받기 힘듭니다.

저희 매장의 경우는 아주 쉽게 커피 맛을 표현합니다.

'미니쉘 초콜릿을 연상시키는 딸기맛과 초콜릿이 선명한 커피입니다.'
'상큼한 과일의 향과 탄산감 같은 질감이 느껴져서 오렌지 에이드가 생각나는 맛입니다.'

저희는 소비자들에게 좀 더 직관적이고 명확한 맛과 향이 나는 커피를 제공하자는 목표를 가지고 있습니다. 달리 말하자면, '누구나 쉽게 공감할 수 있는 직관적이고 선명한 커피로 새로운 경험을 제공하는 커피회사'가 저희 브랜드의 정체성이고 가치입니다. 저희가 관계를 맺으려는 대상은 커피 전문가나 애호가가 아닌, 커피를 매개로 다양하고 즐거운 경험을 확장하고 싶어 하는 사람들입니다. 그래서 저희는 그 대상에게 맞는 커피를 준비하고, 쉽게 전달하려고 노력하고 있습니다.

관계 맺기를 잘하려면 쉽고 명확한 메시지, 대상에 관한 관심과 배려가 필요합니다.

5장. 작은 가게의 브랜딩과 관종

앞에서 브랜딩은 네이밍과 로고의 문제가 아니라고 했습니다. 그렇지만 막상 창업 준비에 들어가면 네이밍과 로고에 많은 공을 들이게 됩니다. 이름과 얼굴을 정하는 일이니 신중해질 수밖에 없습니다. 실제로 새로 시작하는 카페들을 보면 이름과 로고가 멋진 곳이 많습니다. 그런데 그것에 담긴 뜻이 쉽게 전달되는 곳은 별로 없습니다. 설명을 듣거나 단어를 검색해 보아도 '아, 그래서 이렇게 만들었구나!' 하고 공감이 가는 곳도 드뭅니다. 멋진 느낌은 있는데, 그래서 무엇을 어떻게 하는 곳인지는 알기 어려운 경우가 대부분입니다. 관념적이고 낯선 표현으로 공간을 소개하면 그 내용이 소비자들의 마음에는 와닿지 않습니다.

현시점에서 브랜딩을 잘하고 있는 카페들의 로고를 보면 그 회사가 추구하는 가치나 메시지가 쉽게 연상됩니다. 당연한 말이지만 로고가 훌륭해서 브랜드가 잘 알려지는 게 아닙니다. 멋진 디자인은 주목을 받을 수야 있겠지만, 그에 걸맞은 가치나 실현이 없으면 아무것도 아닙니다.

이 커피를 재배한 농부는 누구인데, 이 사람은 이런 꿈을 가지고 있다. 우리는 그의 꿈을 응원하며 그것에 일조하는 데 보람과 긍지를 느낀다.

좋은 커피를 찾으러 커피 재배 산지로 간다. 그래서 한 달간 영업을 하지 않는다. 모아둔 돈은 새로운 커피를 사는 데 쓴다.

우리는 함께 하는 동료들의 더 나은 삶을 위해서 가격을 인상한다. 우리는 사회적 책임을 하기 위해서 이런저런 교육을 받는다.

우리는 커피를 통해서 당신들의 일상에 스며들고 싶다. 우리와 함께 놀러 가자.

우리의 커피를 이런 사람들이 즐겨주고 있다. 우리와 함께 하는 사람들은 이런 사람들이다.

새로운 컵에는 이런 의도를 담아서 디자인했다.

온갖 것들에 대해서 끊임없이 이야기합니다. 댓글에 답글을 작성하고, 디엠에 답변하고, 소비자들의 요구를 통해 콘텐츠와 서비스를 만듭니다.

이렇게 자신들이 추구하는 가치에 관해서 이야기하고, 그것을 실현하는 과정이 소비자들에게 공감을 받게 되어 브랜딩이 이루어집니다. 소비자의 공감이 있어야 네이밍과 로고에 가치가 생깁니다.

그런데 처음 시작하는 작은 가게나 신생 브랜드가 자신이 추구하는 가치를 잘 정리하여 유려하게 표현하는 것은 쉬운 일이 아닙니다. 그렇다면 무엇부터 시작해야 할까요? 우선 '관종'이 되어야 합니다.

지금은 관종의 시대입니다. 관종이 성공에 유리합니다. 원래 '관종'이라는 말은 좋은 의미로 쓰이진 않지만 저는 관종을 '자기의 삶을 적극적으로 드러내어 사람들과 활발하게 소통하는 사람'이라고 정의합니다. 타고난 관종이면 더 좋은데, 아닌 사람들이라면 '관종력'을 키울 필요가 있습니다.

관종의 일반적인 특성은 이렇습니다. 관종은 쉴 새 없이 자기의 관심사와 지금 하는 일에 관해서 이야기합니다. 그것이 특별한 일이든, 일상적인 일이든 가치의 경중을 따지지 않고 올립니다. 그 모든 것이 자신을 나타내기 때문입니다. 새로운 것들에 대한 호기심이 많고 실행력이 대단합니다. 궁금하면 움직입니다. 미리 걱정하지 않고 일단 해 보고 결과를 받아들입니다. 새로운 사람들을 편하게 만나고, 함께 일을 도모하는 데에도 망설임이 없습니다.

모두가 관종을 좋아하진 않습니다. 지나치게 높은 텐션이 부담스럽기도 하고, 내가 못하는 것을 과감하게 하니까 부럽기도 합니다. 그런데, 타고난 관종들은 사람들의 호불호에 크게 신경 쓰지 않습니다.

관종이 아닌데 관종력을 키울 때 가장 큰 걸림돌이 되는 것이 사람들의 시선입니다. '뭘 이렇게까지 하나?' 싶은 자기검열도, 사실은 타인의 시선을 신경 쓰기 때문입니다. 그런데 세상 모든 사람이 나를 좋아할 수는 없습니다. 브랜딩은 나를 싫어하는 사람도 좋아하게 만드는 것이 아니라, 나에게 공감해 줄 사람을 찾아가는 여정입니다. 우선은 내가 어떤 사람인지를 보여 주는 것이 먼저입니다.

관종이 되면 브랜딩에 유리하고 성공에도 유리하다는 것은 어떤 의미일까요? 이것은 제가 처음에 말했던, 사장이 연습해야 하는 것과 관련이 있습니다. 바로 기록과 공유입니다. 끊임없이 자신의 이야기를 하면, 사람들은 이 사람이 어떤 사람인지 알게 됩니다. 일상이 아카이브이기 때문에 이 사람을 필요로 하는 사람들의 눈에 띄기 더 좋습니다.

저는 관종력이 굉장히 약한 사람이었습니다. 다른 사람들에게 제 이야기를 하기가 어려웠습니다. 그런데, 묵묵히 자기에게 주어진 일만 하면 생존이 어렵다는 것을 알고 나서, 열심히 관종력을 키우면서 일하고 있습니다. 내가 이런 가게를 만든 이유, 이런 커피를 택한 이유, 이 잔을 고른 이유, 여기서 본 것과 저기서 들은 것, 배운 것 깨달은 것, 만난 사람들에 관한 이야기 등등 끊임없이 이야기하려고 애씁니다. 너무나 어렵지만 제가 하려는 일의 의도, 이 회사가 가진 지향점에 대해서 주변에 알리게 되었고 저에게 많은 기회가 오게 되었습니다.

본인의 타고난 성정을 바꾸기는 어렵습니다. 꼭 그렇게 하지 않아도 됩니다. 다만, 브랜딩의 목적이 관계 맺기에 있음을 생각할 때 자기를 이야기하지 않으면 관계가 생기지 않습니다. '굳이 말로 하지 않아도 언젠가 우리를 알아봐 줄 것이다.'라고 생각하시는 분도 있습니다만, 그것은 자신의 브랜드를 알아봐 주는 사람이 생긴 분들이 하는 말입니다. 그 언젠가가 언제일는지 모르는 상황에서 언제까지나

기다릴 수 있을까요? 그때까지 생존할 수 있을까요? 창업을 시작했다면 그때를 기다리는 게 아니라 그때를 만들어야 합니다.

창업을 시작하는 여러분, 그리고 창업을 꿈꾸는 여러분 모두 브랜딩을 아셔야 합니다. 브랜딩을 하셔야 합니다. 그리고 관종이 되어야 합니다.

브랜딩이 잘되면 좋은 점

앞에서 언급한 벤츠의 중저가 시리즈의 실패 사례처럼, 세계적인 기업도 브랜딩과 관련해 큰 실패를 겪는 경우가 있습니다. 그만큼 브랜딩은 이해하기도, 실행하기도 어렵습니다. 하지만 브랜딩이 잘되면 그 위력은 이루 말할 수 없을 정도입니다. 이제 브랜딩은 해도 되고 안 해도 되는 문제가 아니라, 사업의 종류나 규모에 상관없이 꼭 해야 하는 것입니다. 그렇기에 '모든 비즈니스는 브랜딩'이라고 해도 과언이 아닙니다. 브랜딩은 관념적이고 추상적인 것이 아닙니다. 그 결과가 구체적이고 명확하게 드러납니다.

우선 브랜딩이 잘되면 판매하는 제품이나 서비스가 차별화됩니다.

여러분은 마트에서 케첩을 사실 때 어떤 기준으로 고르시나요? 소비자의 성향에 따라서 일일이 영양성분이나 토마토 함량 같은 것을 살펴보시는 분들도 계실 겁니다. 그러나 대부분은 그냥 상표만을 보고는 조금의 망설임이나 고민의 과정 없이, '케첩은 오뚜기지' 하면서 바로 집어갑니다. 오뚜기는 '상생협력과 일자리 창출'이라는 기업의 사회적 책임에 힘쓰는 회사로 알려지면서 한국인에게 사랑받는 브랜드가 되었고, '갓뚜기'라는 별칭까지 얻게 되었습니다. 이미 먹던 것이었는데 이미지까지 좋으니 다른 케첩을 고를 이유가 없을 것입니다.

'난 토마토가 진한 게 좋으니 하인츠로 살래'라고 생각하는 경우도 있습니다. 하인츠는 토마토 함량이 높은 케첩으로 유명한 브랜드입니다. 그런데 하인츠를 사 먹는 소비자들이 다른 케첩의 토마토 함량을 일일이 확인하고 하인츠를 선택했을까요? 앞서 브랜딩은 인식의 차이를 만드는 것이라고 했습니다. 하인츠는 토마토 함량이 높은 케첩을 만든 회사이자, 토마토 함량이 높은 케첩이라는 인식을 만드는 데 성공한 브랜드입니다.

브랜딩이 잘되면 좋은 또 다른 점은 팬이 생긴다는 점입니다.

이것에 대한 가장 확실한 예시는 아이폰이 아닐까 싶습니다. 새로운 아이폰이 나올 때마다 애플의 팬들은 밤을 새우고 줄을 서서 제품을 구매합니다. 코카콜라도 비슷합니다. 부동의 1위인 코카콜라와 만년 2위인 펩시콜라의 블라인드 테스트에서 펩시가 이겼다는 얘기는 차고 넘칩니다. 그래도 코카콜라가 1등입니다. 맛과 품질의 문제가 아니라는 것이지요. 코카콜라가 더 맛있는 것이 아니라, 코카콜라가 더 많은 팬을 가지고 있는 것이고 더 매력적인 브랜드라는 겁니다.

브랜딩이 잘되면 비싸게 팔 수 있습니다.

자주 예를 드는 게 에비앙입니다. 기껏해야 물인데 비쌉니다. 유럽의 물은 석회석 성분이 많아 수질이 좋지 않았기에 물이 아닌 '약'의 개념으로 상품화에 성공했습니다. 이후로 에비앙에 대한 여러 가지 스토리가 더해지면서 고급스러운 이미지를 갖게 되었고 비싼 가격에 팔리게 되었습니다. 에비앙은 자사 제품에 대해서 이런 말을 했습니다. "당신이 마시는 것은 물이 아니라 에비앙입니다." 견고한 브랜딩에서 비롯된 자신감입니다. 만약 "당신이 마시는 것은 물이 아니라 아리수입니다."라고 하면 마음에 와 닿을까요? 제품의 가격을 결정하는 것은 제품의 질이 아닌 브랜드의 가치인 경우가 대부분입니다.

브랜딩이 잘되면 소비자와의 의사소통이 원활해집니다.

이곳이 무엇을 위한 공간인지, 어떤 가치를 실현하는 곳인지가 명확하면 그 내용을 손님들에게 전달하기가 쉽습니다. 가치가 선명하고 콘텐츠가 명확한 곳에 찾아오는 사람들은 대부분 그곳의 콘셉트부터 메뉴까지 미리 알고 있습니다. 그래서 자리가 없으면 웨이팅도 감수합니다. 예를 들어서 저희 이미커피로스터스의 커피 바는 커피는 고를 수 있지만, 디저트는 고를 수 없는 매장입니다. 커피에 어울리는 디저트가 미리 지정되어 있고 그 두 가지의 조화를 즐기는 곳입니다. 그것이 매장의 주요한 콘셉트이자 가치였고 대부분은 이 사실을 잘 알고 오셨습니다. 아주 가끔, 먹고 싶은 것을 먹게 해 달라는 요청이 있었지만, 저희는 저희 공간의 원칙을 잘 지켰습니다. 이렇게 하는 이유와 의미가 명확했기에 소비자들의 공감을 얻어낼 수 있었습니다.

브랜딩이 잘되면 나음도 통합니다.

브랜드가 자리를 잘 잡으면 신제품이 성공할 확률이 높

아집니다. 사실 브랜드가 안착하기 전까지는 우리를 증명하기 위해서 끊임없이 새로운 시도를 해가면서 다름을 보여 주어야 합니다.

저희는 소비자 관점에서 쉽게 변화를 감지할 수 있는 메뉴에 주목하였습니다. 시즌마다 새로운 디저트와 음료를 만들려고 노력해 왔습니다. 새로운 것을 내놓을 때마다 정말 큰 노력을 했고, 소비자들에게 어떻게 받아들여질까 걱정도 많이 했습니다. 그런데 브랜드가 자리를 잡게 되면 그 브랜드가 내놓는 제품에 관한 관심과 신뢰가 높아지면서 신제품이 나올 때 성공할 확률이 높아집니다. 브랜딩이 잘되어 있지 않을 때는 아무리 내가 더 낫다고 해봐야 인정해 주는 사람들은 거의 없습니다. 그래서 대회를 통해서 공신력을 얻으려 합니다. 그런데 앞에서도 말씀드렸지만 그걸로 소비자의 공감을 받기는 어렵습니다. 브랜딩이 잘되면 나음도 통합니다. 브랜딩은 제품 자체에 대한 믿음 이상으로, 그걸 만든 주체에 대한 신뢰를 이끌어내기 때문입니다.

"이야, 스마트시계라고? 시계를 만들었어? 당연히 이쁘겠지?"

"역시 전문가가 구운 스콘은 다르네요. 제가 먹은 스콘 중에 제일 맛있었어요."

"제가 맛없는 거 추천 안 하는 거 아시죠?"

제품의 품질이나 우수성을 강조할 필요가 없습니다. 소비자들도 검증하려고 하지 않습니다. 그것이 좋은 브랜드의 힘입니다.

궁극적으로 브랜딩을 해야 하는 이유는 확장성이 생기기 때문입니다.

여러 가지 기회가 생긴다는 의미입니다. 그 기회가 무엇이 될지는 알 수 없지만 내가 쌓아온 나의 것으로 비교적 경쟁을 하지 않는 환경에서 부가가치를 만들 수 있습니다.

저는 몇 년에 걸쳐서 카페 창업과 운영에 대한 문제의식을 여러 방식으로 드러내고, 문제의식과 해결책에 대해서 논의해 온 것들을 콘텐츠로 만들어서 지속적으로 공유하였습니다. 그걸 바탕으로 세미나를 했고, 강연을 했고, 컨설팅을 했고 또 그 과정을 콘텐츠로 공유하는 일을 꾸준히 했습니다. 이것이 기획 회사를 하고 싶은 저희의 브랜딩 작업이었다고 할 수 있습니다.

1년 반 가까이 꾸준히 적극적으로 브랜딩을 했더니, '기획은 이미'라는 인식이 생겼고, 여러 강연과 행사에서 연사로 초대받기도 했습니다. 물론 이미 수많은 컨설턴트가 있고, 현재 카페를 운영 중인 대표님들도 개인적으로, 혹은 회사 차원으로 컨설팅을 하고 계시지만 저희는 저희만의 경험을 살린 기획 회사로 거듭나고 있습니다. 저희의 매장과 브랜드를 보고 공감해 주시는 분들의 의뢰를 받아서 현재도 여러 건의 창업 컨설팅을 진행하고 있습니다.

여러분의 브랜드가 어떤 확장성을 갖게 될지 알 수는 없습니다. 그러나 자신만의 확고한 브랜드가 되어 누군가의 공감을 받게 된다면 사업이 성장하고 확장될 것입니다.

이미커피 페어링

2021년, '홍대 이미'로 불려온 저의 첫 매장 'patisserie x roastery imi'는 10주년을 맞이하게 되었습니다.

정신없이 매일매일을 견디다 보니 어느덧 10년이 되었더군요. 10년이란 시간은 그리 짧은 시간이 아닙니다. 저에게도 그렇지만 이미를 찾아주셨던 분들에게도 그동안의 시간은 특별하다고 생각합니다. 10년 전 친구들과 왔던 곳을 이제는 아이의 손을 잡고 오게 되는 그런 세월이니까요. 그 10년을 기념하며 낡은 매장을 리뉴얼하기로 했습니다. 매장이 오래되다 보니 여기저기 부서지고, 망가진 것도 많고, 테이블, 의자, 바도 모두 너무 낡았더라고요. 생각해 보니 부분공사와 기물 교체 정도로는 의미가 없겠다 싶었습니다. 어설프게 어느 하나 바꿨다가는 별로 효과도 보지 못할 것 같았습니다.

그런데 더 중요한 문제가 있었습니다. '홍대 이미, 이대로 괜찮은가?'라는 고민을 오래전부터 해왔습니다. 홍대 이미는 엄밀히 말해 대체 가능한 카페였기 때문입니다. 물론 저희에게는 매출을 2배 가까이 끌어올려 주는 몇 가지 시즌 메뉴가 있고, 10년간 저희를 아껴준 팬들도 많은 자랑스럽고 고마운 매장입니다. 이 매장을 망하지 않게 할 자신은 있지만, 해 왔던 방식으로는 더이상 성장하기는 어려울 것 같다고 판단했습니다.

"홍대에 있는 디저트 카페."

"커피도 맛있고 디저트도 맛있고 친절해서 좋은데, 뭔가 강하게 인상에 남질 않아요."

브랜드의 정체성이 명확하지 않으면 카페가 만들어낼 수 있는 부가가치는 한계가 뚜렷합니다. 더 성장하려면 '이미다움'을 더 뚜렷하고 선명하게 만들어야겠다는 결심을 했습니다.

10년 전에 어떤 마음으로 시작했는지를 살펴봤습니다. 저희는 커피와 디저트로 행복을 전달하기 위해 이미커피를 시작했습니다. 커피와 디저트는 도구이자 방법이고, 그것을 통해 사람들에게 전하고 싶은 가치는 행복입니다. 인테리어를 바꾸고, 직원이 바뀌고, 메뉴가 바뀐다고 해도 이 목표는 변하지 않을 겁니다.

그런데 어느 순간부터 이미에서 경험하는 그 행복감이 금방 휘발되어 사라지는 감정이 아니라, 사람들의 일상에 스며 작은 변화를 이끌어내는 힘이 되었으면 좋겠다는 생각을 했습니다. 동시에 저희 역시 이 일을 하려고 했던 이유를 상기하고 보람을 느끼면서 성장할 수 있으면 좋겠다는 생각을 했습니다. 우리의 땀과 노력이 좀 더 진실하게 전달되었으면 하는 바람을 매장 리뉴얼에 담고 싶었습니다.

지난 10년간 이미를 대중적으로 알린 것은 커피가 아니라 디저트, 그리고 방송에도 나온 신기한 빙수였습니다. 그러다 보니 좋은 커피에 대한 고민과 노력을 꾸준히 해 왔음에도, 전문적인 커피 회사라는 인식을 심어주지 못했습니다. 이제 우리의 성장을 위해서 커피 회사로서의 정체성을 뚜렷하게 해야 하는 브랜드 리뉴얼의 목표가 생겼습니다. 그 목표를 위해 무엇을 해야 하나 오랜 시간 고민했습니다.

카페를 하면서 안 해 본 것이 거의 없었다고 생각했는데 또 무엇을 더 해야 하나 방법이 쉽게 떠오르지 않았습니다. 그런데 생각해 보니 이것은 더하는 문제가 아니라 빼는 문제였습니다.

저희 자신과 고객들에게 심혈을 기울이기엔 매장에서 너무 많은 것을 하고 있었습니다. '넓게' 보다는 '깊게'가 필요한 시점이었는데, 모든 것을 다 골고루 하면서 깊이를 추구하기란 쉽지 않습니다. 그래서 많은 것을 덜어내기로 했습니다. 대신에 저희가 꼭 하고 싶은 것, 동시에 잘할 수 있는 것, 고객들이 좋아했던 것과 원하는 것들의 교집합을 추려서 새로운 이미를 만들기로 했습니다.

저희는 리뉴얼을 하면서 정말 커피만 파는 카페가 됩니다. 커피만 팔기 때문에 메뉴판은 없고, 준비된 커피와 디저트에 대한 설명이 적힌 카드가 매주 새롭게 업데이트되어 손님들에게 제공됩니다. 직원들은 정성스럽게 커피와 디저트를 준비해 드리고, 손님들의 피드백을 받고, 커피와 일상을 매개로 편안하고 자연스럽게 소통을 합니다. 이른바 카페의 본질에 충실한 카페를 만들게 되었습니다. 에스프레소 머신을 놓지 않고, 빙수도 안 합니다. 대신에 더 좋은 것을 드리려고 합니다.

"로스터는 새로운 커피에서 맛과 향을 찾아내고
파티시에는 그 커피에 어울리는 디저트를 만들고
바리스타는 디저트에 딱 맞는 커피를 준비해 드립니다."

커피와 디저트가 주는 소소한 행복감과 더불어, 사람들이 저희 이미에서 미적 깨달음을 경험하셨으면 좋겠습니다. '이런 맛이 있을 수 있구나', '이렇게 먹으니까 또 색다르구나', '이것은 왜 이렇게 만들었을까', '이걸 만든 사람은 누구일까', '이 커피는 어떻게 이런 맛을 낼까'와 같은 생각과 함께 흥미와 애정이 생기고, 이로써 삶이 확장되는 경험을 하셨으면 하는 바람입니다. 그런 경험을 하기에 적합하도록 기존의 벽을 다 부수고 매장에 새로운 벽과 바를 만들었습니다. 낡은 테이블과 의자를 버리고 지금 이 순간에 집중할 수 있으면 좋겠다는 생각으로 톤과 무드도 조정하였습니다. 10년간의 흔적은 전혀 없는 새로운 이미가 되었습니다. 너무나 달라진 새로운 이미가 다소 낯설겠지만, 천천히 가까워지셨으면 좋겠습니다. 새로운 시작은 늘 떨립니다. 아무쪼록 저희의 진심이 구석구석에서 발견되었으면 좋겠습니다.

위 글은 첫 번째 매장을 10년 만에 리뉴얼을 하면서 썼던

글입니다. 브랜딩에 대한 저의 생각과 관점이 담겨 있어 책에 옮겨 보았습니다.

브랜드가 낡거나 마모되었다 생각한다면 새로운 것을 시도해야 합니다. 우리 브랜드와 추구하는 가치의 결이 유사한 브랜드와 콜라보레이션을 할 수도 있고 우리의 정체성을 담은 특별한 메뉴를 단기로 선보일 수도 있습니다. 그런데 애초에 브랜드의 정체성이 명확한 것이 아니었을 수도 있습니다. 그러면 처음에는 남들과 달라 보여도, 어느 순간 남들과 비슷해집니다. 그렇기에 브랜드는 계속 관리를 해주어야 하고, 그런 의미에서 '브랜드+ing'인 브랜딩을 이야기하는 겁니다. 선명한 브랜딩을 위해서는 우리가 하려는 가치를 좀 더 날카롭게 만드는 것이 중요한데, 이럴 때는 뭔가를 더하는 것보다 빼는 것이 좋습니다. 첫 번째 매장을 리뉴얼한 지 1년이 되어 갑니다. 우리가 전하고자 하는 가치가 잘 전달되고 있는가, 어떻게 하면 좀 더 쉽고 직관적으로, 공감을 받을 수 있을까를 고민합니다. 저희는 여전히 브랜딩을 하고 있습니다.

마무리

'그냥 작은 카페 하나 하려는 건데, 브랜딩까지 준비해야하나?'

'일단은 자리 좀 잡고 나면 그때부터 고민해 봐야지. 지금은 할 일이 너무 많아.'

여기까지 책을 읽으신 분들 중에서는 이런 생각을 하는 분들이 많을 겁니다. 충분히 그렇게 생각할 수 있습니다. 저도 처음부터 브랜딩을 고민하면서 창업을 하지는 않았습니다. 그런데 사업을 해보니, 브랜딩이 사업의 전부입니다. 브랜드가 되지 못하면 사업은 크든 작든 너무나 힘듭니다. 이게 저의 일관된 생각입니다.

소비자에게 공감을 받을 만한 우리 브랜드만의 가치가 없으면 경쟁에 휘말립니다. 처음에는 해볼 만하겠지만, 브랜딩이 되어 있지 않은 카페는 신상 카페에 밀리게 되어 있습니다. 기존의 것이 새것의 매력을 이기기는 어렵습니다. 카페가 생존을 이어갈 수 있는 방법은 고유함뿐입니다. 그 고유함을 공유하는 것이 브랜딩입니다.

그러니 우리는 브랜딩을 해야 합니다. 사실 무엇부터 해야 할지 막연하게 느껴질 겁니다. 일단 지금 내가 하고 있는 것들을 기록해 봅시다. 창업과 관련되지 않은 것도 괜찮습니다. 다름을 만들어가는 방법 중에 스토리가 있다고 말씀드렸습니다. 평범한 일상도 괜찮습니다. 무엇이든 내가 보고 느끼는 것들을 차곡차곡 쌓아두는 겁니다. 그래야 나만의 이야기를 찾아낼 수 있습니다. 그리고 그 기록을 공유해 봅시다. 어떤 플랫폼이든 상관없지만, 저는 인스타그램을 추천합니다. 기록과 공유를 동시에 한다는 점에서 적합한 선택지이기 때문입니다.

기록하지 않으면 내가 원하는 것의 지향이 무엇인지 명확하게 알 수가 없습니다. 공유하지 않으면 공감을 이끌어내는 능력이 늘지 않습니다. 기록하고, 공유하고, 소통하다 보면 이야기를 정리하기 쉬워질 것입니다. 그냥 계속 떠들다 보면, 사람들에게 전달할 만한 내용으로 다듬어집니다.

기록과 공유에서 중요한 것은 메시지의 질이 아니라 빈도입니다. 꾸준히 지속적으로 해야 합니다. 꾸준함은 진정성을 보일 수 있는 가장 좋은 수단입니다. 그렇게 꾸준히 기록하고 공유하다 보면 나의 이야기에 공감해 주는 사람들을 만나게 됩니다. 그들과 관계를 맺다 보면 나의 이야기를 꾸준히 들어주는 사람들이 생길 겁니다. 그리고 그 사람들이 다른 사람들을 끌어올 것입니다. 이것이 브랜드가 되어가는 과정입니다. 이것이 가진 게 아무것도 없는, 작은 가게가 할 수 있는 브랜딩입니다.

창업을 하는 이유는 무엇일까요? 사업의 종류나 규모와는 상관없이, 새로운 일을 함으로써 지금과는 다른 현실을 살기 위함이 아닐까요? 그 시작과 동기가 무엇이든 간에, 창업이라는 선택의 결과는 지금까지 살아온 삶의 모습과 달라야 합니다. 내가 이루고자 하는 것을 현실로 만들려면 내가 그리는 그림이 선명해야 합니다.

일단 창업을 시작하면 정말 바쁩니다. 정신이 없다 보니 방향이 헷갈릴 때가 있습니다. 자주 있습니다. 그럴 때 브랜딩은 지도가 되어 줍니다. 헤매지 않게 해 주고, 돌아가지 않도록 도와줄 겁니다. 이 소중한 지도를 꼭 챙기기를 바랍니다.

맺는 글

이 책은 흔한 카페 창업 실무서와는 다릅니다. 아마도 읽는 중에 눈치를 채셨을 겁니다. 읽을수록 '그래서 어쩌라는 거지?', '이런 것까지 해야 하는 거야?' 싶은 생각이 들었을지도 모르겠습니다. '창업이 이런 거라면 하지 말까' 싶은 생각을 한 분도 계실 겁니다.

그러나 고민하고, 생각하고, 기록하고, 공유하면 많은 것이 변합니다. 대부분 이것을 하지 않아서 한계에 부딪히고, 정체됩니다. 실무적인 분야에 관한 지식은 이미 다양한 곳에 나와 있습니다. 스스로 하기 어려운 일은 전문가의 도움을 받으면 됩니다. 그러나 다른 사람에게 맡길 수 없는, 사장만이 할 수 있고, 사장이 직접 해야 하는 일이 있습니다. 이 책은 누구도 대신해 줄 수 없는 일에 관해서 적은 책입니다.

제가 제안해 드린 것을 다 하고도 풀어야 할 문제가 더 있을 것입니다. 원래 사업이 그렇습니다. 새로운 문제가 계속 생기고, 그것을 해결해가며 성장하는 게 비즈니스의 숙명입니다. 그런데 여기서 이야기한 주제에 대해 치열하게 고민하다 보면 스스로 질문하고 문제의 핵심을 찾아, 적절한 해결책을 찾아가는 능력이 생길 것입니다. 이 능력을 바탕으로 다음 문제를 다룰 수 있는 실력을 갖추게 될 것입니다. 이게 사업가의 진짜 실력입니다. 커피 잘하는 것보다, 맛있는 디저트를 만드는 것보다 백 배, 천 배 중요합니다. 대비해 놓은 문제를 처리하는 것은 그리 어려운 것이 아닙니다. 예기치 않은 일이 발생했을 때 그 일을 어떻게 처리하느냐에 따라 성장과 도태가 결정됩니다.

이 책은 제가 실패를 통해 배우게 된 것들에 대한 기록입니다. 그런데 저는 여러분이 실패를 통해 배우는 일이 최대한 적었으면 좋겠습니다. "실패는 성공의 어머니"라는 말을 하지만, 실패를 통해 뭔가 배운다는 게 말처럼 쉬운 일이 아닙니다. 그건 살아남았으니 할 수 있는 말입니다. '내가 이래서 틀렸구나!'하고 알아차리려면 통찰력이 필요한데, 이제 막 창업을 시작한 사람에게 그런 안목은 없습니다. 눈앞에 펼쳐지는 상황은 대부분 처음 겪는 일이고, 아무것도 없는 상태에서 겪는 실패로 배울 수 있는 것은 고작 더 열심히 해야겠다는 다짐밖에는 없습니다. 열심히 해야 하는 걸 누가 모른다고 실패까지 하면서 배워야 하나요? 열심히 하지 않아서 실패하는 게 아니라, 집중해야 할 목표를 몰라서 어려움이 생기는 겁니다. 실패를 너무 많이 하다 보면 실패를 피하는 데에만 집중하게 됩니다.

얼마 전에 고등학교 때 친구들을 만났습니다. 졸업한 지 이제 20년도 넘었으니 사는 곳들이 다 달라져서 모이는 게 쉽지 않습니다. 그래서 그런지 학창시절에는 그렇게 친하지 않았던 친구들도 무척이나 반갑게 느껴지곤 합니다. 친구들과 만나서 대화를 하다 보면 제일 많이 하는 말 중의 하나가 "그냥 그렇지 뭐."입니다. 이제 체념이 익숙한 나이가 되어버렸나 봅니다.

서로의 근황을 얘기하다가 한 친구가 최근에 부장으로 승진했다는 소식을 전했습니다. 이 회사는 직원들이 버티는 것 자체가 워낙 힘든 곳으로 유명해서, 부장 승진이라는 건 정말 대단한 일입니다. 다들 축하를 전했습니다. 승진을 한 건 좋은 일이 분명한데, 왠지 저는 친구의 얼굴에서 성취감이나 자긍심 같은 것을 읽기가 어려웠습니다. 오히려 '얼마나 힘들었을까?', '사는 게 참 어렵다' 싶은 생각이 들면서 애처롭고 측은했습니다. 그때 옆에 있던 친구가 저에게 말을 걸었습니다.

"너는 어때? 아직 카페 하고 있지? 잘되고?"
"그냥 그렇지 뭐."
"그래도 너는, 네가 좋아하는 일을 여전히 하고 있구나. 부럽네."

"부러우면 너도 해. 얼마나 힘든데. 코로나 때문에 아주 죽을 맛이다."라는 식의 얘기는 하지 않았습니다. 친구의 말이 맞았기 때문입니다. 저는 제가 좋아하는 일을 하고 있습니다. 물론 정말 힘듭니다. 이게 저에게는 보통 힘든 수준이 아니라서 '좋아하는 일을 하고 있다'라는 인식을 한동안 하지 못했습니다. 그런데 요즘은 '그래도, 나는 내가 좋아하는 일을 여전히 하고 있구나!'라는 생각을 자주 합니다. 그리고 좋아하는 일이기에 잘하고 싶은 열망이 여전히 있습니다.

좋아하는 일을 계속할 수 있는 것은 기쁜 일이지만, 커피 산업 혹은 카페에 대한 미래를 생각해 보면 그렇게 밝지만은 않습니다. 오래된 산업에는 혁신이 생기기 어렵기 때문입니다. 기술과 장비에 대해서는 많은 발전이 있었지만 본질적인 면에서의 큰 변화는 없었습니다.

개발자 한 명이 개발한 앱은 100만 명 이상이 쓸 수 있지만, 바리스타 한 명이 제공할 수 있는 커피의 양은 정해져 있습니다. 카페는 수익을 낼 수 있는 시간과 공간의 제한이 크고 여전히 사람의 손에 의지하고 있습니다. 그렇기에 많은 수익이 발생하기 어렵고 그 확장성에도 한계가 있습니다. 과연 어떻게 해야 카페가 살아남을 수 있을지 고민을 멈출 수 없는 이유입니다.

몇 년 전 저에게 영감을 준 하나의 이야기가 있습니다.

영국에 브루독Brewdog이라는 맥주 회사가 있습니다. 개가 회사에 어떤 기여를 했는지 알려진 바는 없습니다만, 한 마리의 개와 두 사람이 함께 창업한 작은 맥주 회사입니다. '영국 음식은 맛이 없다'라는 인식이 있는데, 음식뿐만 아니라 맥주도 맛이 없다고 합니다. 맥주를 너무나 좋아했던 두 사람은 '진짜 맛없어서 영국 맥주 못 먹겠다. 우리 손으로 만들어 먹자.'라는 생각에서 맥주를 만들기 시작했다고 합니다. 같은 생각을 가진 주변의 맥주 애호가들에게 나눠주었더니 반응이 좋았고, 다음번에 만들 때 자기 것도 만들어 달라는 부탁을 받았다고 합니다. 그런데 그런 요청이 너무 많았고, 두 사람이 가지고 있는 양조 시설로는 그들의 기대에 부응할 수가 없었습니다. 그러자 사람들이 비용을 보탤 테니 양조 시설을 늘리자며 나섰다고 합니다. 이런 움직임이 점점 커져서 수많은 투자자가 생기게 되었고, 이렇게 성장을 거듭하여 지금은 시가총액 2조의 가치를 지닌 회사가 되었다고 합니다.

제가 브랜딩을 강조하고 관계 맺기를 이야기하는 것은 이와 같은 맥락에서입니다. 내가 이루고자 하는 목표와 가치를 공유하고 그것에 공감하는 사람들과 함께 성장하는 것, 그것이 우리가 창업을 하는 이유이자 목적이고, 좋아하는 일을 오래 할 수 있는 가장 현명하고 확실한 방법입니다.

처음 가게를 할 때는 성공에 대한 확실한 목표를 세우지 않았습니다. 그저 맛있는 커피와 디저트를 손님들께 정성스럽게 대접하다 보면 단골들이 생길 거고, 그분들과 소소한 일상의 행복을 누리며 사는 삶을 꿈꿨습니다. 시간이 지나면서 저의 여건에서는 그런 삶을 사는 것이 불가능하다는 것을 알게 되었고, 꿈은 접어둔 채 치열하게 달려왔습니다.

그런데 저는 요즘 그 꿈을 언젠가 이룰 수 있겠다는 생각을 다시금 하게 되었습니다. 방법과 과정은 달라지겠지만 저의 삶과 일을 응원해 주는 분들과 함께 '이미'라는 브랜드를 통해서 행복한 삶을 가꿔갈 수 있으리라 생각합니다. 브루독이 했던 것처럼 말입니다.

커피만 팔아서 할 수 있는 일이 아닙니다. 내가 커피를 하는 이유, 이 커피를 통해 전하고 싶은 이야기, 이 공간이 주고자 하는 감정적인 혜택과 비일상을 공유해야 합니다. 그렇게 하면 브랜드의 가치에 공감하는 사람들이 팬이 되고 그 사람들이 힘을 보태 줍니다.

저는 그 팬들의 힘을 믿고, 동교동 어느 골목길에서 시작한 이 작은 카페를 언젠가 주식회사로 만들려고 합니다. 맛있는 커피와 디저트를 계속 만들 거고, 우리의 가치를 공유할 수 있는 다양한 오프라인 공간을 더 만들 겁니다. 누군가의 삶을 변화시키는 멋진 비즈니스를 설계하고, 팬들이 함께 참여하는 즐거운 일들을 더 기획하려고 합니다. 그것을 이루기 위해서 지금까지의 여정과 인사이트를 기록해 왔고, 이렇게 책을 통해서 공유합니다. 이 책을 통해서 또 많은 분들과 관계를 맺게 될 것을 생각하니 무척 설렙니다.

저의 긴 여정에 든든한 버팀목이 되어 주는 사랑하는 가족들에게 감사드립니다. 사장의 숨가쁜 삶을 함께 견뎌주고 버텨줘서 고맙습니다.

오늘의 이미를 만들어가고 있는 동료들에게도 감사드립니다. 제 손이 닿지 않는 구석구석까지 여러분의 땀과 노력이 더해져서 내일의 이미를 만들어가고 있습니다.

어제의 이미를 함께 해줬던 동료들에게도 감사드립니다. 서툴렀던 사장을 견디며, 지금의 이미를 만들어주어서 감사합니다.

오늘의 이미가 수많은 팬이 생기는데 혁혁한 공을 세운 스퀘어이미의 이승림 셰프에게 특별한 감사를 전합니다. 가족인 동시에 동업자이기에 견뎌야 할 무게가 더 큰, 그런 자리를 감당해 왔습니다. 정말 힘들었을 겁니다.

오랜 시간 이미와 함께 해 주신 팬 여러분. 감히 팬으로 모실 수 있어서 영광입니다. 여러분은 제가 사장으로 계속 살아갈 수 있게 하는 이유입니다. 앞으로 여러분과 할 일이 많습니다. 미리 감사드립니다.

저희의 이야기를 더 많은 사람들과 공유할 수 있도록 기회를 주신 도서담 출판사의 김도형 대표님과 이기린 에디터님께도 감사드립니다. 우리의 진심을 아는 분들께 우리의 이야기를 맡길 수 있어서 마음이 든든하고 행복했습니다.

독자 여러분께 감사드립니다. 누군가의 요구가 아닌 나의 이유를 좇아 살고 싶다는 위험천만한 그 꿈을 더 많이 이야기하시기 바랍니다. 계속하다 보면 "저도 그래요!"하고 손을 잡아 주는 사람이 생길 겁니다. 여러 사람의 손을 만나다 보면 우리가 만나는 날도 있지 않을까요? 기대하겠습니다.

참고문헌

고바야시 세카이, 《당신의 보통에 맞추어 드립니다》, 이
자영 옮김, 콤마, 2017.

김신지, 《기록하기로 했습니다》, 휴머니스트, 2021.

데릭 톰슨, 《히트 메이커스》, 이은주 옮김, 송원섭 감수,
21세기북스, 2021.

마스다 무네아키, 《지적자본론》, 이정환 옮김, 민음사,
2015.

마쓰이 타다미쓰, 《무인양품은 90%가 구조다》, 민경욱
옮김, 모멘텀, 2014.

마크 W. 셰퍼, 《인간적인 브랜드가 살아남는다》, 김인수
옮김, 알에이치코리아, 2021.

박찬용, 《요즘 브랜드》, 에이치비프레스, 2018.

알 리스·로라 리스, 《브랜딩 불변의 법칙》, 배현 옮김,
비즈니스맵, 2008.

우승우·차상우, 《창업가의 브랜딩》, 북스톤, 2017.

정지원·원충열·유지은, 《맥락을 팔아라》, 미래의창,
2017.

제레마이어 가드너, 《린 브랜드》, 우승우·차상우 옮김,
TXT PUBLISHING, 2019.

홍성태, 《모든 비즈니스는 브랜딩이다》, 쌤앤파커스,
2012.

황지영, 《리:스토어》, 인플루엔셜, 2020.

경험을 선물합니다

수많은 카페 사이에서 선택받는 공간이 되는 방법

초판 1쇄 발행 2022년 6월 3일
초판 3쇄 발행 2022년 6월 22일

지은이 이림, 최현규

펴낸이 김도형
책임편집 이기린
디자인 스튜디오 페이지엔
펴낸곳 ㈜도서담 등록 제2021-000053호(2021년 2월 10일)
주소 서울특별시 마포구 월드컵로10길 62
전화 070-8098-8535 팩스 050-7712-6712
이메일 dsd@doseodam.com 홈페이지 doseodam.com

도서담(DOSEODAM)은 독자 여러분의 소중한 아이디어와 원고 투고를 두근거리는 마음으로 기
다리고 있습니다. 세상에 소개하고 싶은 아이디어가 있으신 분은 dsd@doseodam.com로 간단한
개요와 취지, 연락처 등을 보내주세요.

글을 담다, 내일을 담다.
도서출판 도서담